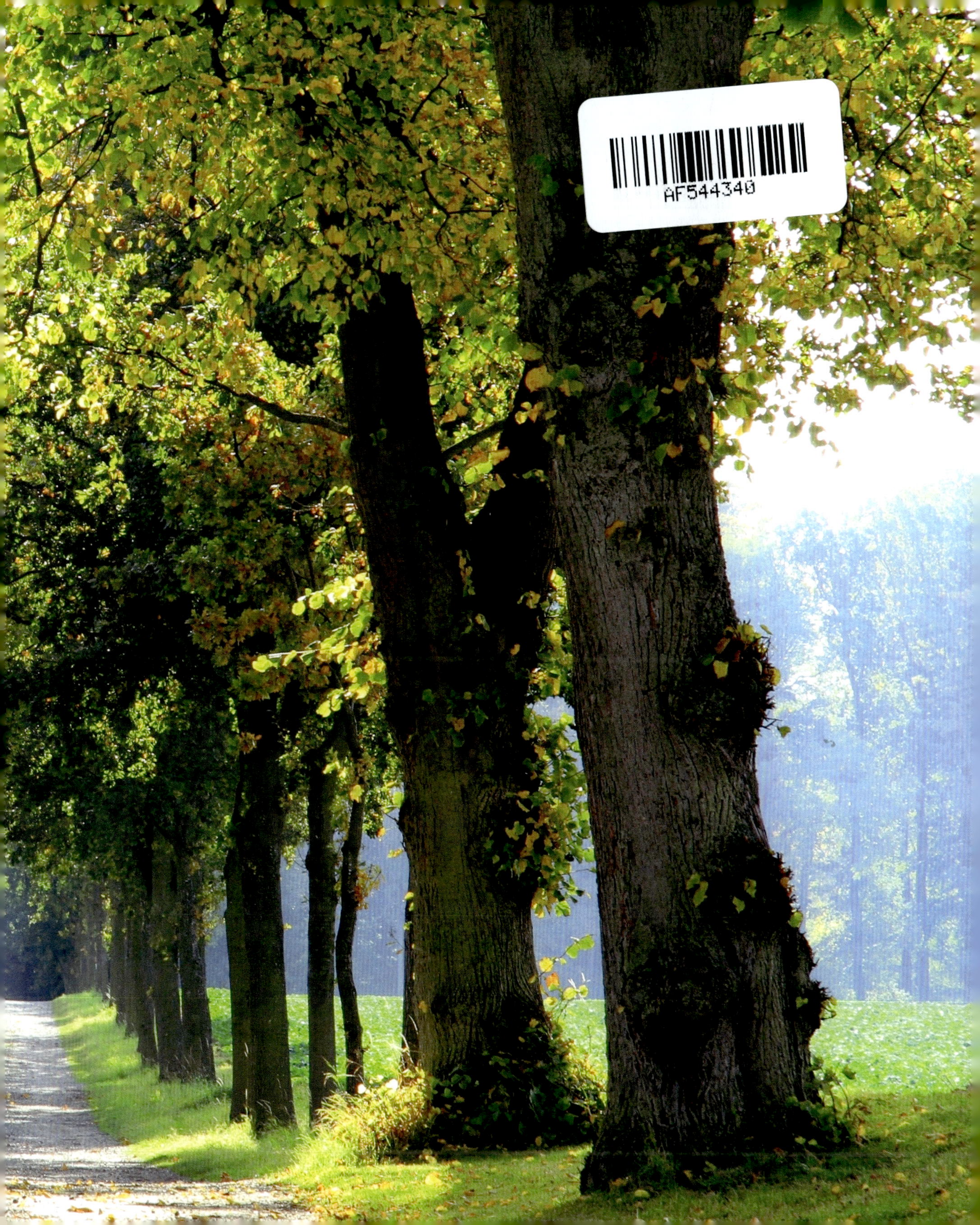

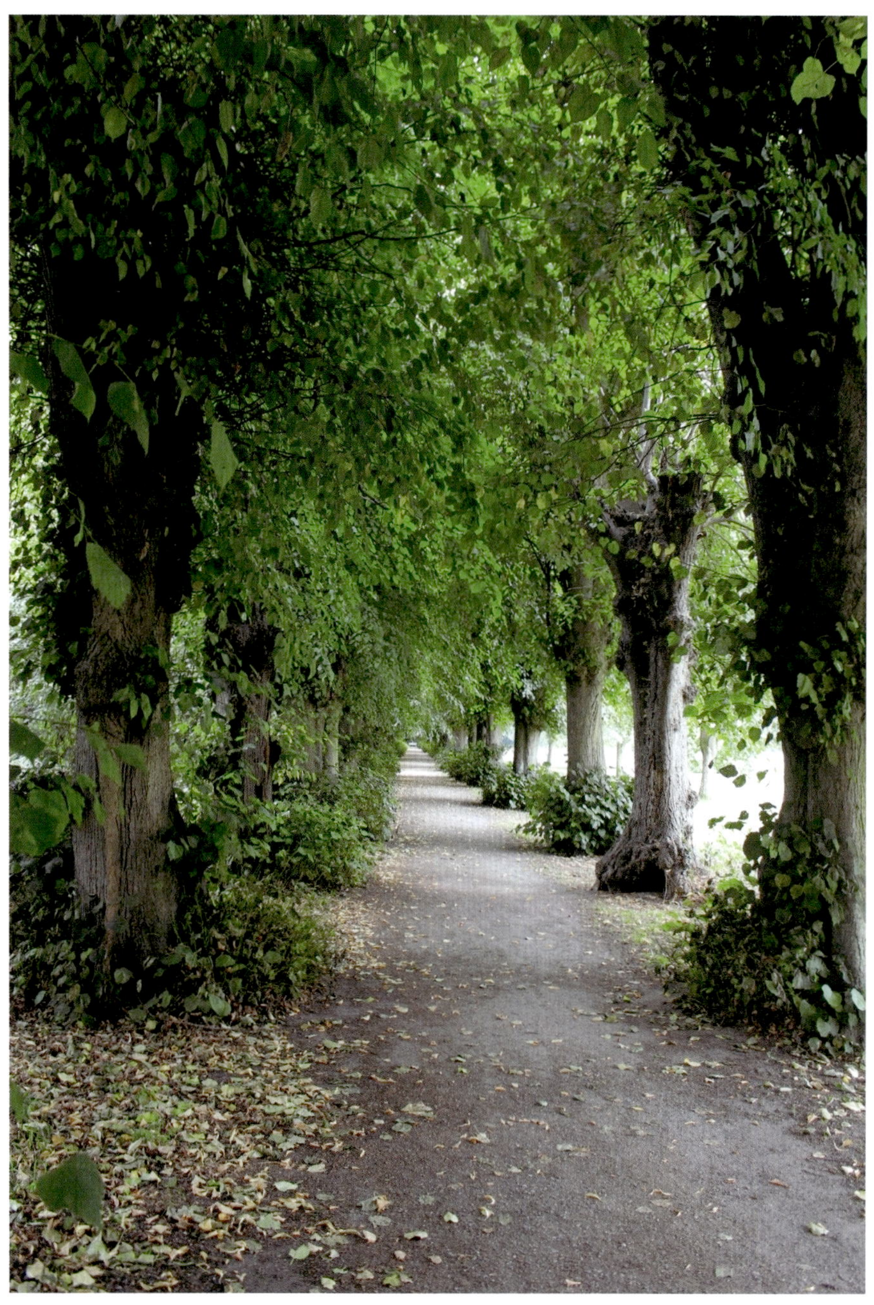

Ölmühlen-Allee, Linden, 2018

Dagmar Andresen & Holger Gerth

Unsere Alleen in Schleswig-Holstein

Grüne Verbindungen zwischen den Meeren

Herausgegeben vom Schleswig-Holsteinischen Heimatbund e. V.

Fotografien von Klaus Dürkop, Dagmar Andresen, Heino Müller, Johann Böhling, Dirk Schnieder, Fritz Heydemann, Holger Gerth u. a. m.

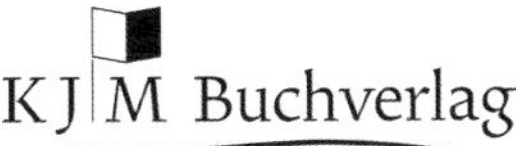

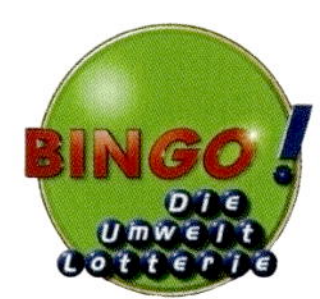

Gefördert durch BINGO! Die Umweltlotterie

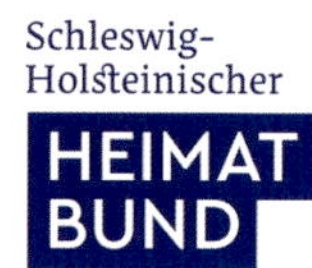

1. Auflage November 2023

Simrockstr. 9a, 22587 Hamburg
www.kjm-buchverlag.de
ISBN 978-3-96194-218-3

Satz, Gestaltung: Svenja Wiese, Hamburg
Nach einem Entwurf von Eberhard Delius, Berlin
Cover und Umschlag: Rothfos & Gabler, Hamburg
unter Verwendung von Fotos von Klaus Dürkop, Philipp Frank
und Johann Böhling
Vor- und Nachsatz unter Verwendung eines Fotos von Klaus Dürkop
Korrektorat: Martha Wilhelm, Hamburg,
und Rainer Kolbe, Hamburg
Druck & Bindung: Belvédère, Oosterbeek, Niederlande
Printed in Europe

Mehr zu unseren Büchern:
www.kjm-buchverlag.de

Inhalt

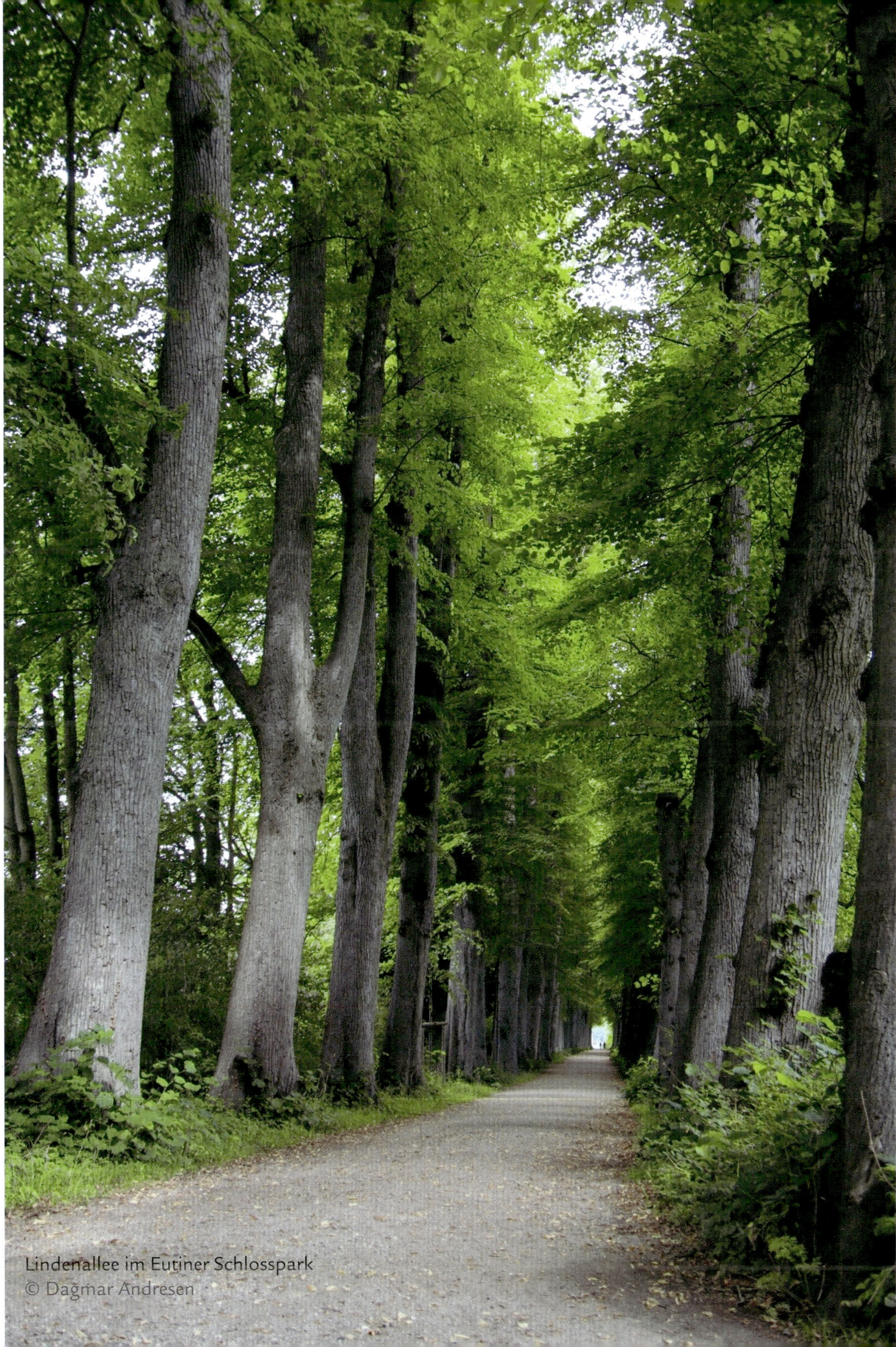

Lindenallee im Eutiner Schlosspark

Grußwort

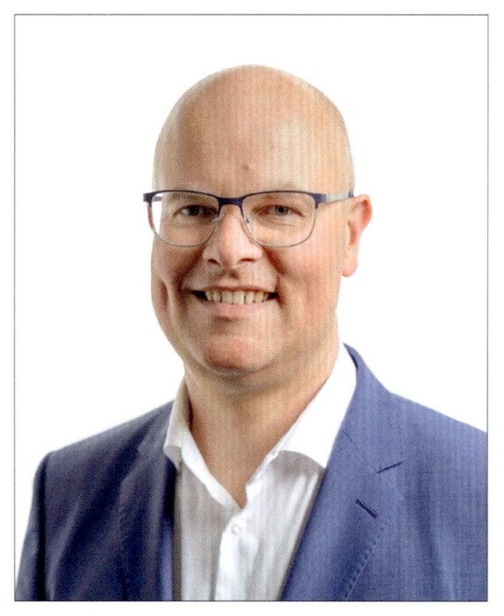

Tobias Goldschmidt © Frank Peter

Alleen prägen seit Jahrhunderten die Kulturlandschaft und das Landschaftsbild in Schleswig-Holstein. Ursprünglich wurden sie zum Schutz vor Sonne, Wind und Regen angelegt. Damit sollte das Reisen der noch nicht motorisierten Bevölkerung erleichtert werden.

Alleen sind aber bei Weitem nicht nur von kulturhistorischer Bedeutung. Vielmehr sind sie ein einzigartiger Naturraum und damit ein wichtiges Element für den Erhalt der Biodiversität. Zahlreiche geschützte und seltene Pflanzen- und Tierarten finden hier einen Lebensraum. Alleen bieten beispielsweise eine reiche Nahrungsquelle für viele nektar- und pollenfressende Insekten und sind mit ihren Baumhöhlen und Astverzweigungen Brut- und Fortpflanzungshabitate diverser Vogelarten. Sie sind deshalb besondere Elemente zur Entwicklung und zum Schutz eines Biotopverbundnetzes.

Aufgrund ihrer kulturhistorischen und ökologischen Bedeutung müssen Alleen in ihrer jetzigen Form gepflegt, bewahrt und wo geboten neu gepflanzt werden: Sowohl nach dem Bundes- als auch dem Landesnaturschutzgesetz stehen Alleen unter besonderem gesetzlichen Schutz.

In diesem Buch können Sie die Schönheit und Einzigartigkeit der Alleen in Schleswig-Holstein bewundern. Ich wünsche Ihnen viel Freude bei der Lektüre.

Ihr Tobias Goldschmidt
Minister für Klimaschutz, Energiewende, Umwelt
und Natur des Landes Schleswig-Holstein

Grußwort

Unsere Alleen sind aus der schleswig-holsteinischen Natur- und Kulturlandschaft nicht wegzudenken. In einmaliger Weise tragen sie zu Naturschutz und Landschaftsästhetik bei. Sie schützen vor Wind, Erosion und Sonne, sind als grüne Verbindungen unverzichtbar im Biotopverbund und im Klimaschutz. Als wertvolle Zeugnisse unserer Kulturgeschichte sind sie zudem ein besonders schützenswertes Gut.

Als Fürsprecher der Alleen in Schleswig-Holstein fühlt sich der SHHB – gemeinsam mit der Schutzgemeinschaft Deutscher Wald – ihrem Schutz und Erhalt in besonderer Weise verpflichtet. Die landesweiten Alleenwettbewerbe 2010 und 2022 des SHHB haben viel öffentliche Aufmerksamkeit auf dieses Kulturgut gelenkt. Wir wollen dieses kulturelle Erbe in seiner Einzigartigkeit sichern und seinen Fortbestand unterstützen, um den Nutzen und die Schönheit der Alleen auch für zukünftige Generationen erlebbar zu machen. Deshalb engagieren wir uns insbesondere für die Erhaltung und Wiederherstellung der historischen Allee an der Chaussee Altona-Kiel. In den letzten Jahren konnte mit der Pflanzung von mehr als 1200 Bäumen der Alleecharakter dieser ersten durchgehenden Kunststraße Schleswig-Holsteins wieder sichtbar gemacht werden. Durch den Schutz und Erhalt von Beständen sowie Nachpflanzungen, wo erforderlich, können wir auf derartig geschichtsträchtige und wertvolle Verkehrsverbindungen aufmerksam machen und die sie flankierenden Alleen bewahren.

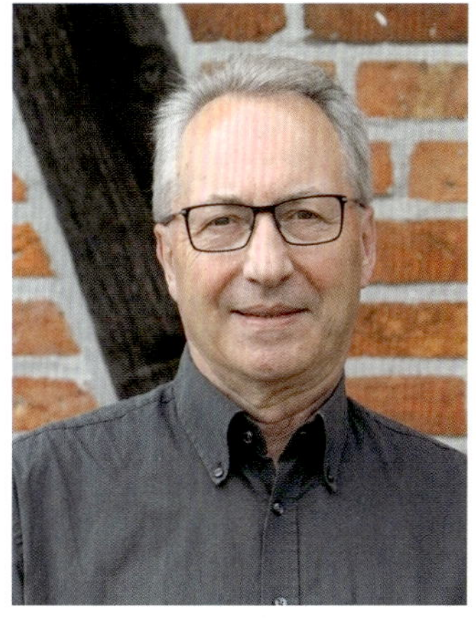

Peter Stoltenberg
© Karina Dreyer

Mit diesem Buch wollen wir das öffentliche Interesse für die Bedeutung der Alleen und ihre Wertschätzung fördern. Es soll ein Türöffner sein und einen Einblick in die Schönheit unserer Alleen geben. Lassen Sie sich von den stimmungsvollen Fotos verzaubern und dazu anregen, die eine oder andere Allee selbst zu erleben.

Wir wünschen Ihnen viel Freude und Inspiration mit unserem Buch.

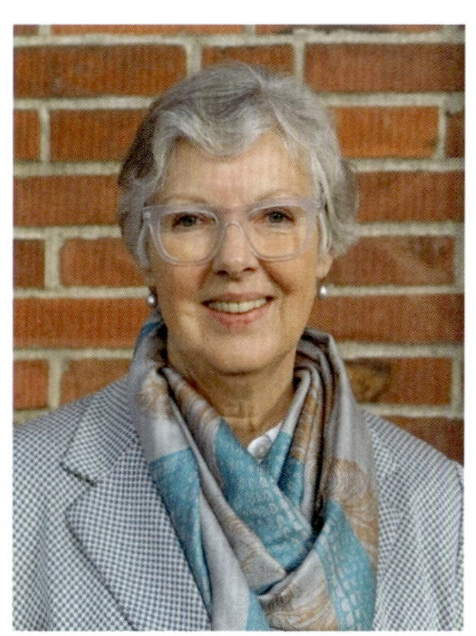

Dr. Juliane Rumpf
© Karina Dreyer

Peter Stoltenberg, *Präsident des Schleswig-Holsteinischen Heimatbundes*
Dr. Juliane Rumpf, *Ministerin für Landwirtschaft, Umwelt und ländliche Räume a.D., Schirmherrin des Alleenwettbewerbs 2022, stellvertretende Präsidentin des SHHB*

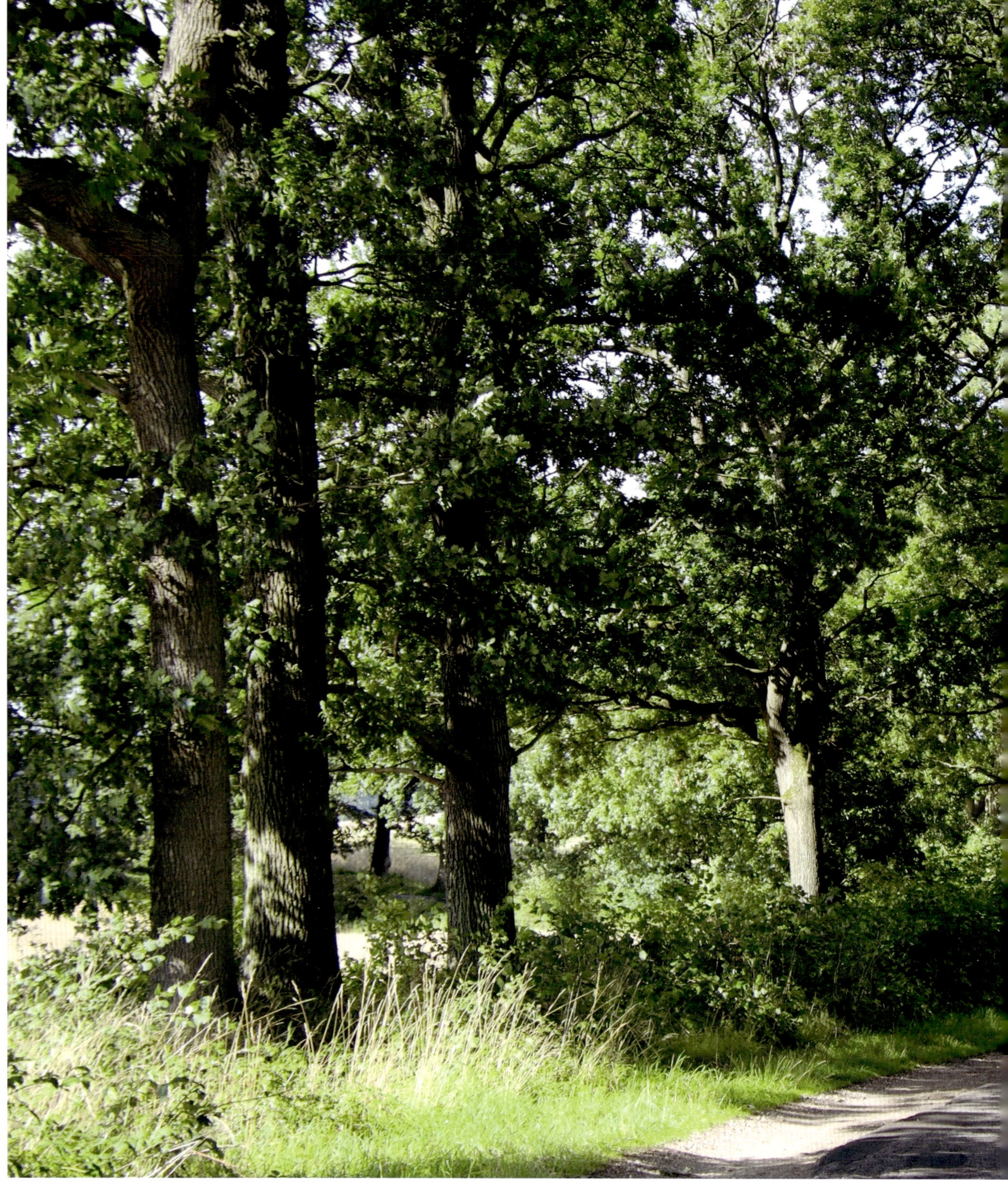

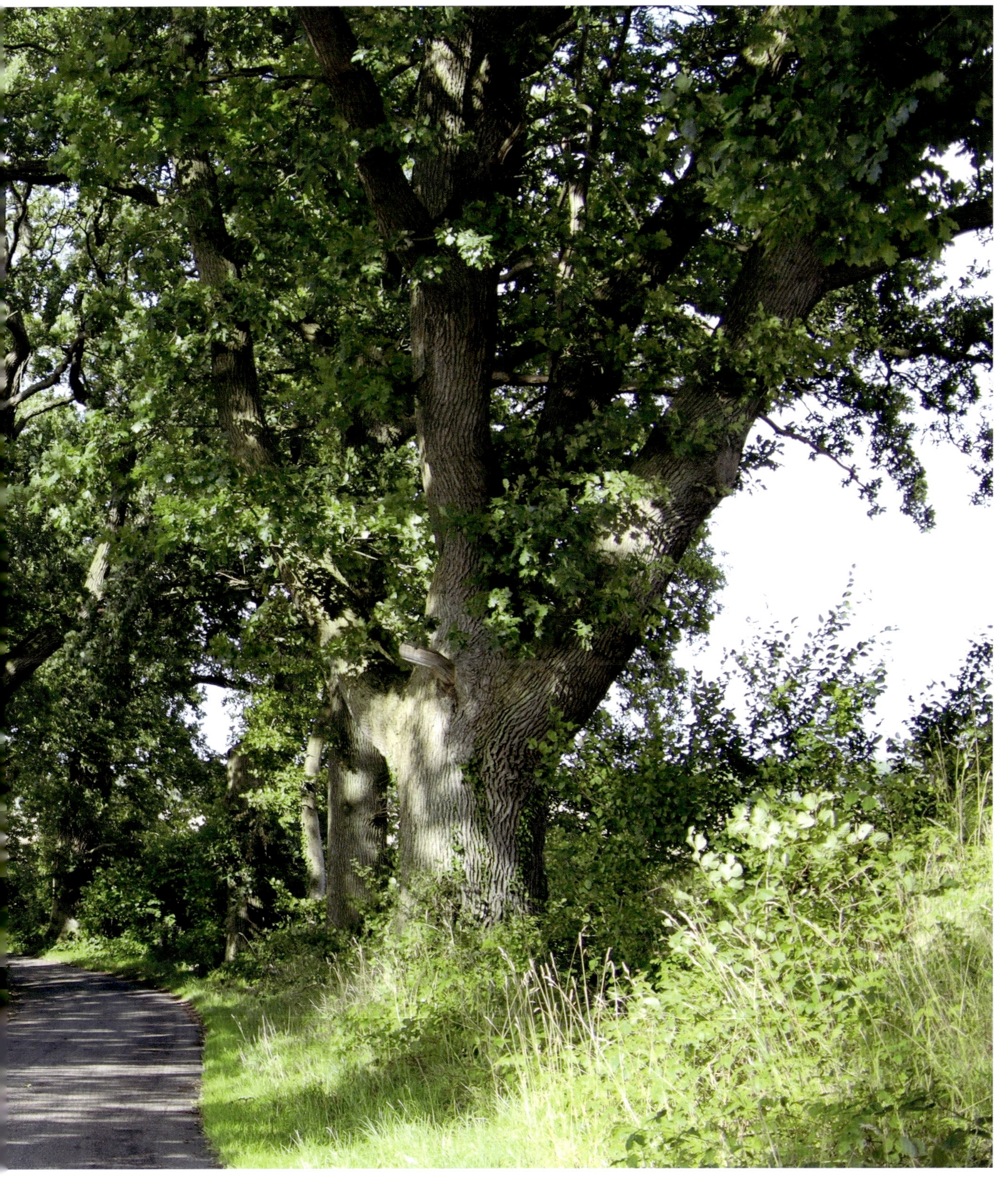

Hüttenredder, Eichenallee bei Gut Bossee © Dagmar Andresen

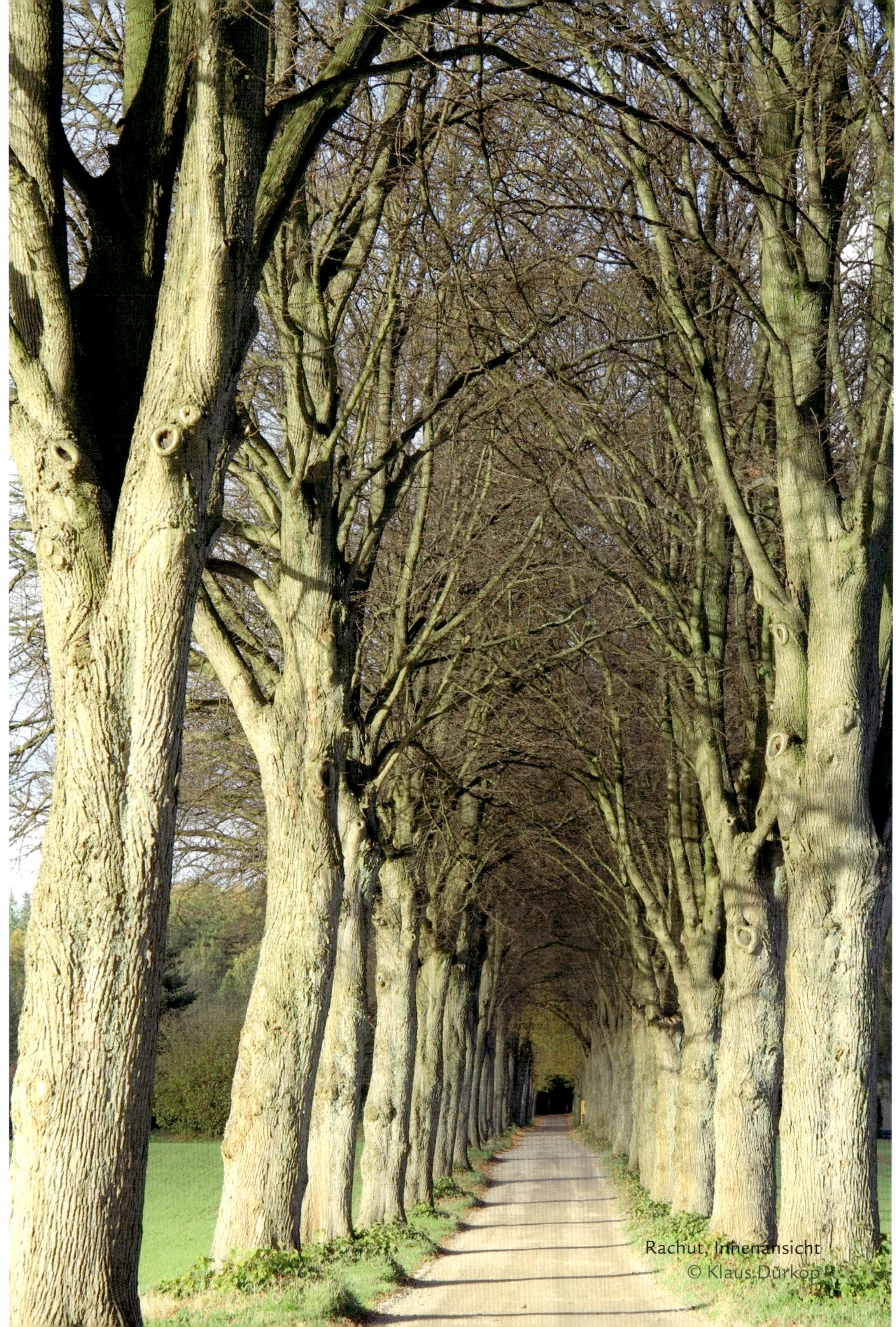
Rachut, Innenansicht

Geschichte der Alleen in Schleswig-Holstein – Ein kulturhistorischer Blick

Alleen können viele hundert Jahre alt werden und prägen vielerorts das Bild der Städte und Dörfer. Herausragend sind dabei Alleen mit alten Eichen, Linden, Kastanien oder Ahornen. Besonders unter Linden wurden viele Feste gefeiert, hier fand oft das gesellige Leben des Dorfes statt. Das Laubwerk der Bäume bildete das Dach und hatte die Funktion des Saales. In vielen Liedern und Tänzen finden wir daher alte Linden wieder.

Die Linde wird wegen ihres herzförmigen Blattes auch als Baum der Liebe bezeichnet. Hier sei beispielsweise Walther von der Vogelweide zitiert: »Unter der Linden an der Heide, da unser zweier Bette war …«

Der Name Linde ist gleichzusetzen mit »die Biegsame«, denn »lind« bedeutet weich oder geschmeidig. Das Lindenholz ist ein weiches Holz. Daher finden Linden im Kunsthandwerk bei Holzschnitzern und Bildhauern eine weite Verbreitung. Viele kirchliche Altare von Riemenschneider sind ein Beleg dafür.

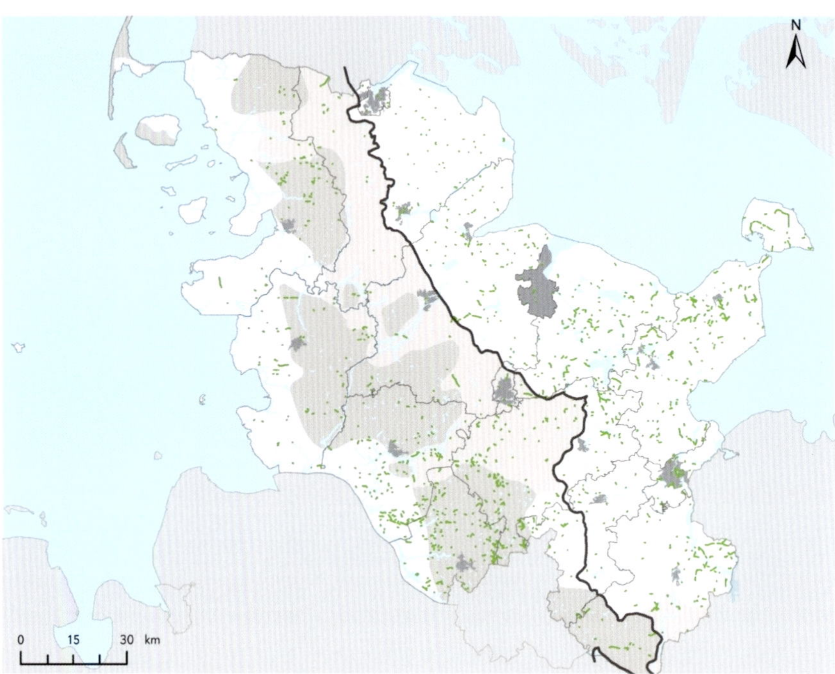

Die Verbreitung der gesetzlich geschützten Alleen Schleswig-Holsteins aus »Die Inventur der Natur, Ergebnisse der landesweiten Biotopkartierung 2014–2020«, Landesamt für Landwirtschaft, Umwelt und ländliche Räume des Landes Schleswig-Holstein [5]

Alleen im heutigen Verständnis sind gleichmäßige Baumreihen entlang von beiden Seiten einer Straße oder eines Weges. Das war nicht immer so: Das ursprüngliche französische Wort »aller« bedeutet gehen, spazierengehen. Eine Allee war demnach ein Gang oder Spazierweg. Dabei wurde keine Aussage über eine Bepflanzung gemacht. Erst im Sprachgebrauch des 18. Jahrhunderts entwickelte sich eine Verknüpfung zwischen Allee und Baumreihen [Quellenverzeichnis S. 132; 1, 6].

Alleen erfüllen vielfältige Aufgaben und Funktionen sowohl in der Landschaft als auch in Siedlungsgebieten. Sie sind das grüne Band entlang

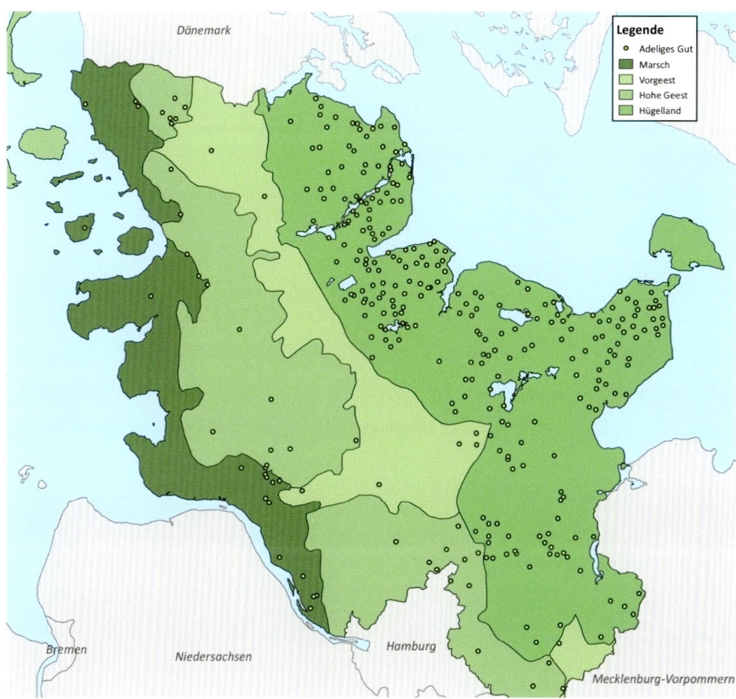

Karte der adeligen Güter aus »Gutshöfe und Herrenhäuser in Schleswig-Holstein« [3] © Ulrike Block, Landesamt für Denkmalpflege Schleswig-Holstein, Kiel

unserer Straßen und Wege und das Ergebnis einer aktiven Landschaftsgestaltung. Alleen wurden oft zu repräsentativen Zwecken angelegt, um den Weg zu einem Schloss, einer Kirche oder einem Gutshof zu betonen und eine beeindruckende Zufahrt zu schaffen. Sie sind nicht nur landschaftlich reizvoll, sondern auch ein bedeutendes kulturelles Erbe. Aufgrund ihres Alters sind sie historische Zeitzeugen, wichtige Dokumente kulturgeschichtlicher Hinweise damaliger Pracht- und Machtentfaltung sowie Gebietsbegrenzungen. In Schleswig-Holstein gibt es eine lange Tradition von Alleen, ihre Entstehung ist im Spiegel der Zeit zu betrachten.

Es haben sich verschiedene Alleentypen entwickelt, **Garten- und Parkalleen, Guts-, Wald- und Straßenalleen sowie Friedhofsalleen,** die im Folgenden mit Beispielen dargestellt werden.

Die Geschichte der Alleen ist eng mit der Geschichte des Adels und der adeligen Güter verbunden. Auch das reiche Bürgertum stellte seinen Wohlstand durch luxuriöse Gärten und Parks zur Schau. Die Gutswirtschaft erlebte ab 1750 eine zweite wirtschaftliche Blütezeit. Diese war eng mit der kulturellen Blüte des Adels verknüpft. Sie äußerte sich vor allem in der Architektur und in der Anlage prunkvoller Gärten und Parks. Aus dieser Zeit stammen viele unserer heute noch erhaltenen Alleen. Die Feudalstrukturen befanden sich überwiegend im Osten und Süden der damaligen Herzogtümer Schleswig und Holstein. Im Westen waren die Bauern frei. Aus diesem Grund finden sich die historischen Alleen überwiegend in jenen Gebietsteilen von Schleswig-Holstein und kaum an der Westküste [A, 2, 5, 6, 8].

Bis jetzt wurden in der landesweiten Biotopkartierung mehr als 1500 Alleen kartiert. Die Gesamtlänge beläuft sich auf 524 km [5].

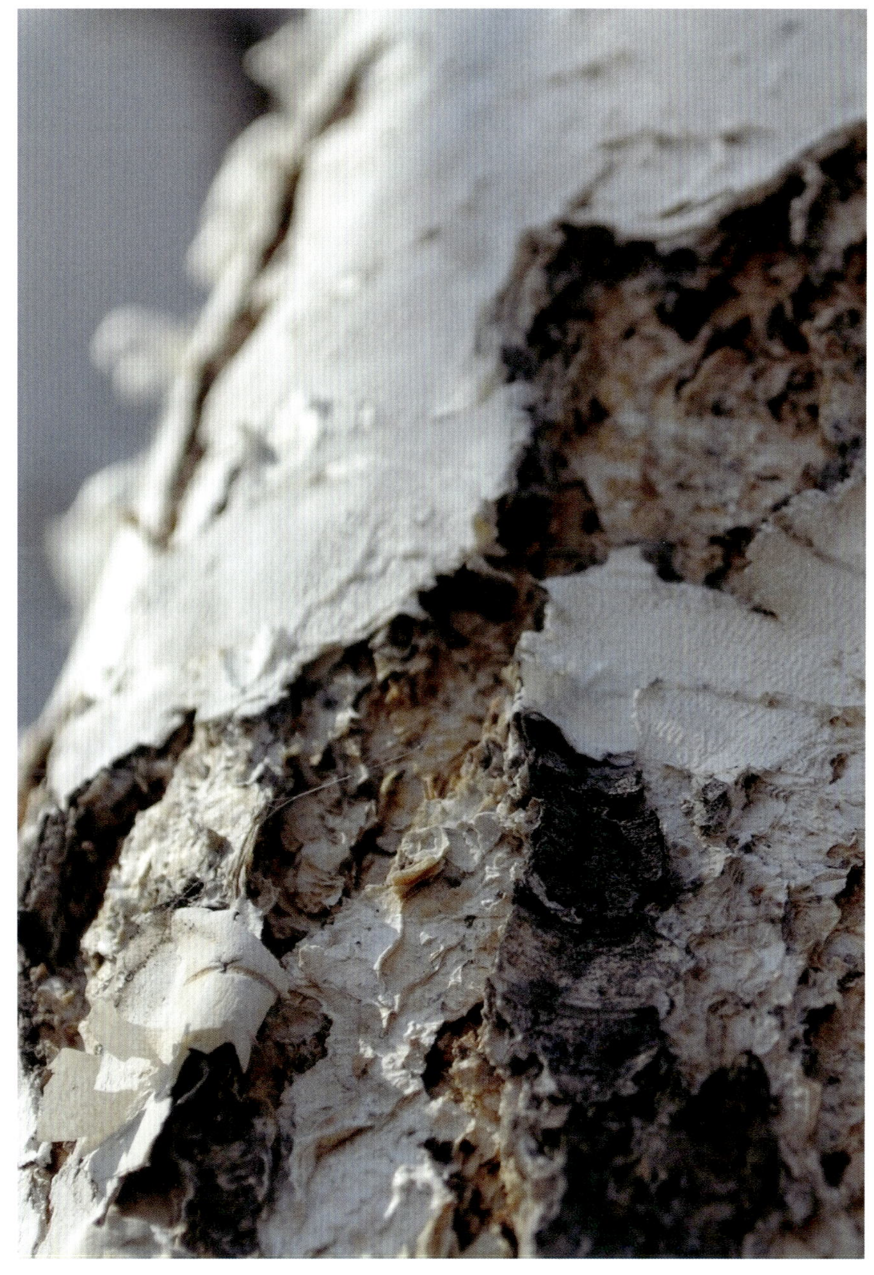

Birkenrinde © rkvnk / pixabay

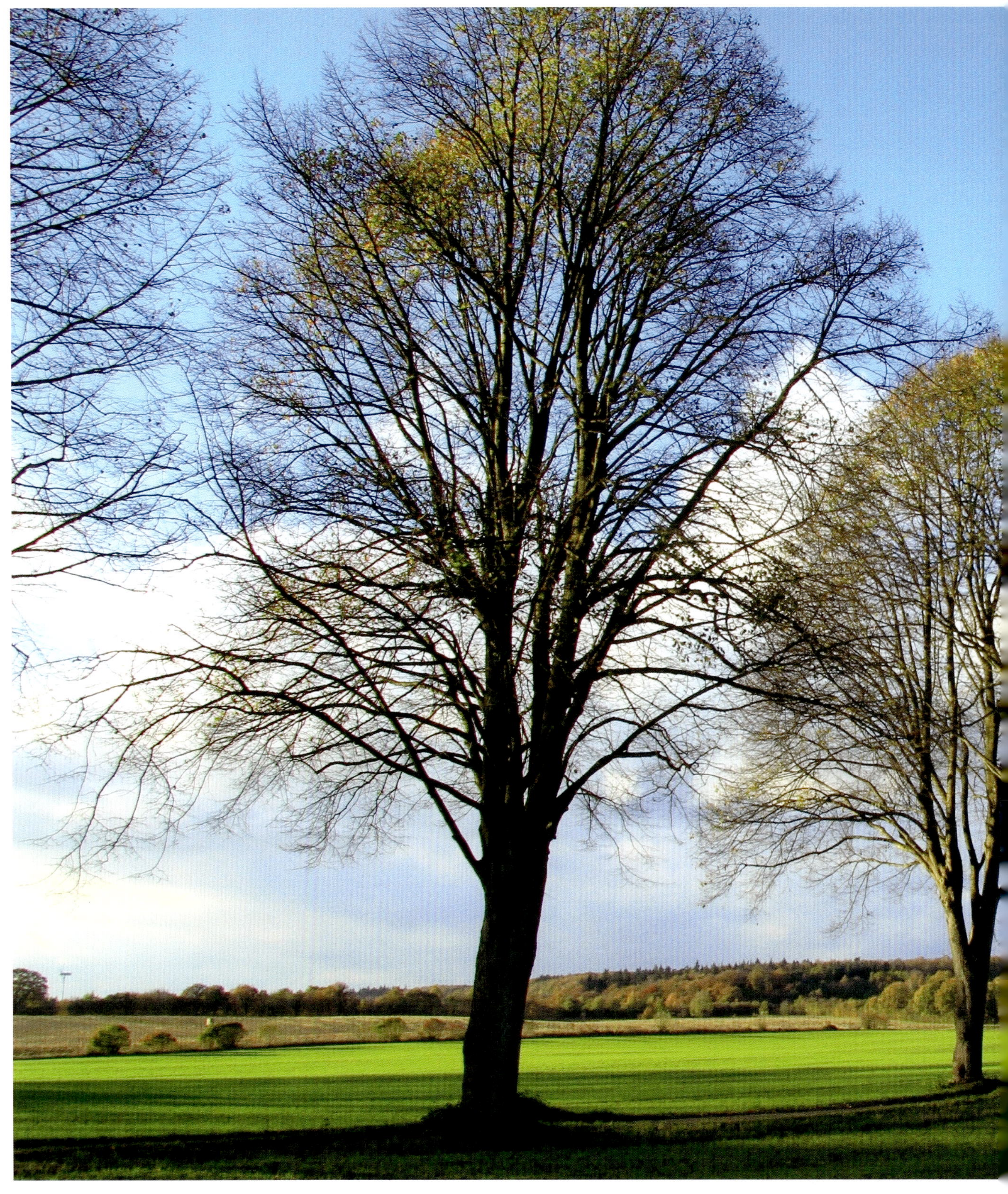

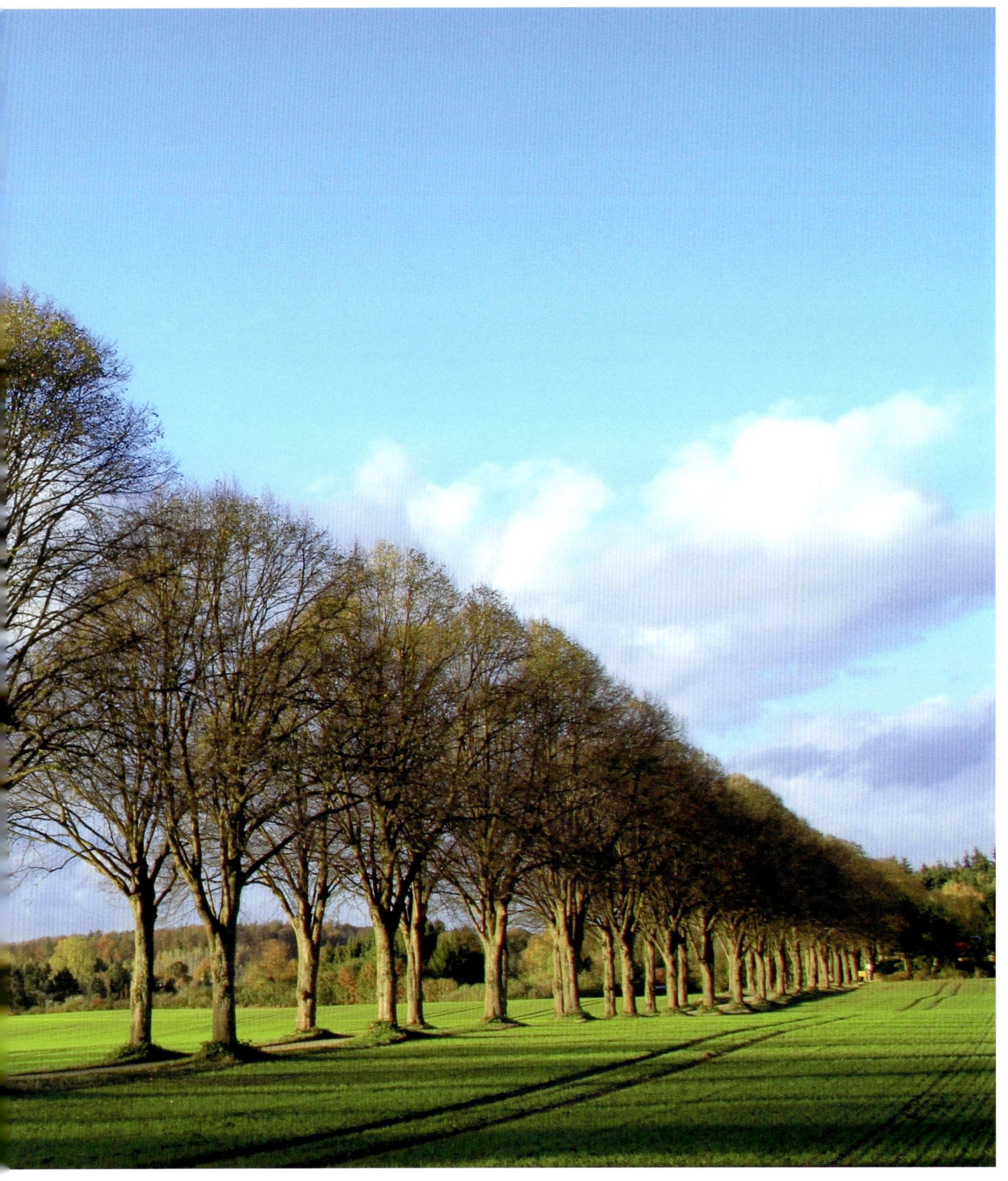

Lindenallee Rachut, Außenansicht © Klaus Dürkop

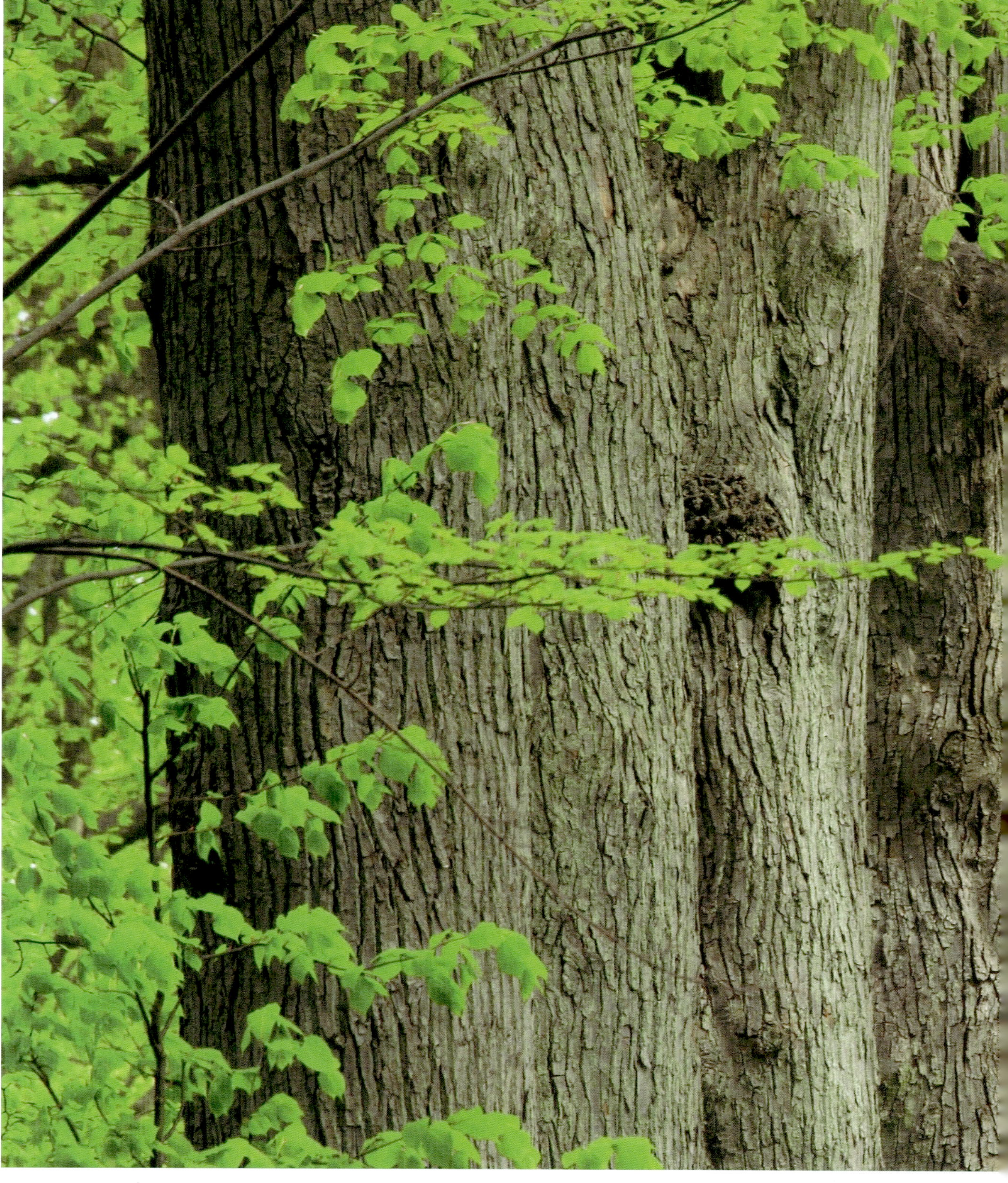

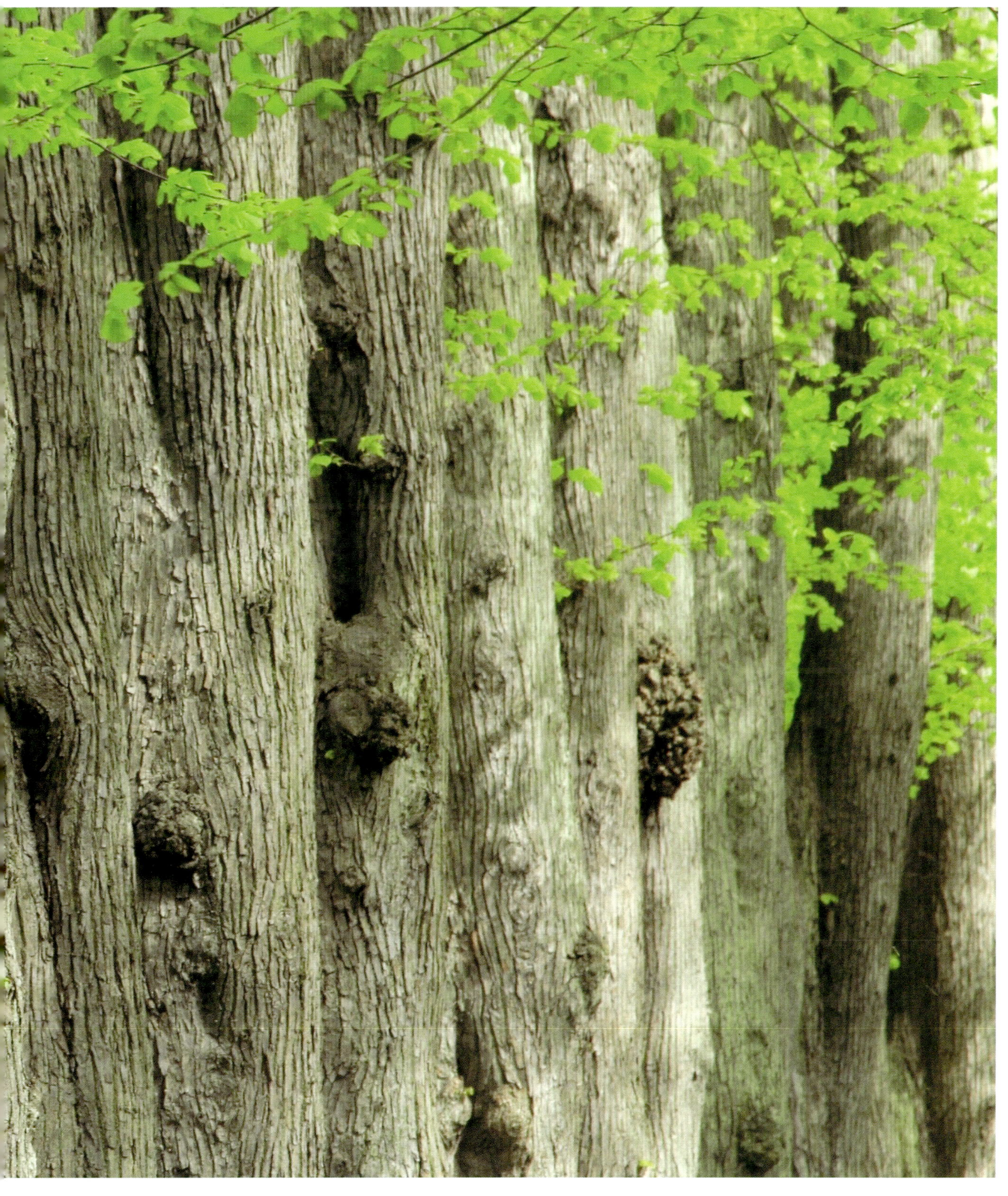

Baumstämme der Allee im Eutiner Schlosspark © Klaus Dürkop

Garten- und Parkalleen

Überwiegend im 18. Jahrhundert wurden Alleen innerhalb der barocken Garten- oder Parkanlagen als repräsentative Gestaltungselemente gepflanzt. Sie werden als **Gartenalleen** bezeichnet. Diese durch eindrucksvolle Bäume geschaffenen linearen Strukturelemente bilden das Zentrum und den Rahmen in der barocken Gartenkunst [4, 6, 7]. Zeugnisse dieser Zeit sind beispielsweise die denkmalgeschützten ca. 300-jährigen Alleen: die Lindenallee im Schlosspark Eutin, die Lindenalleen im Schlosspark Plön, die Lindendoppelallee des Gutes Seestermühe sowie die ebenfalls um 1730 gepflanzte Lindendoppelallee in Ascheberg, auch als Wasserallee bezeichnet, und die Lindendoppelallee auf Gut Farve. Besonders eindrucksvoll ist das erhaltene Alleenensemble des Jersbeker Gutsparks. Im Zentrum des Parks stehen die gut erhaltenen und gepflegten historischen zwei- und vierreihigen Lindenalleen, die noch aus der Entstehungszeit ca. 1726 bis 1740 stammen.

Mit dem Gedanken der Aufklärung tritt ein Zeitenwandel ein. Barockgärten werden in englische Landschaftsparks umgestaltet. Die klare Strukturierung und geometrische Ausrichtung weichen natürlichen Formen und geben Sichtachsen in die Landschaft frei. Die neue Gartengestaltung wird als Kunstwerk verstanden, in dem Natur, Kunst, Nützliches sowie Gefühl und Verstand miteinander vereint werden. Die Natur selbst wird als Gesamtkunstwerk betrachtet. Die Alleen der Barockgärten bleiben trotz Umgestaltungsmaßnahmen glücklicherweise überwiegend erhalten, werden aber nicht mehr beschnitten [1, 4, 7].

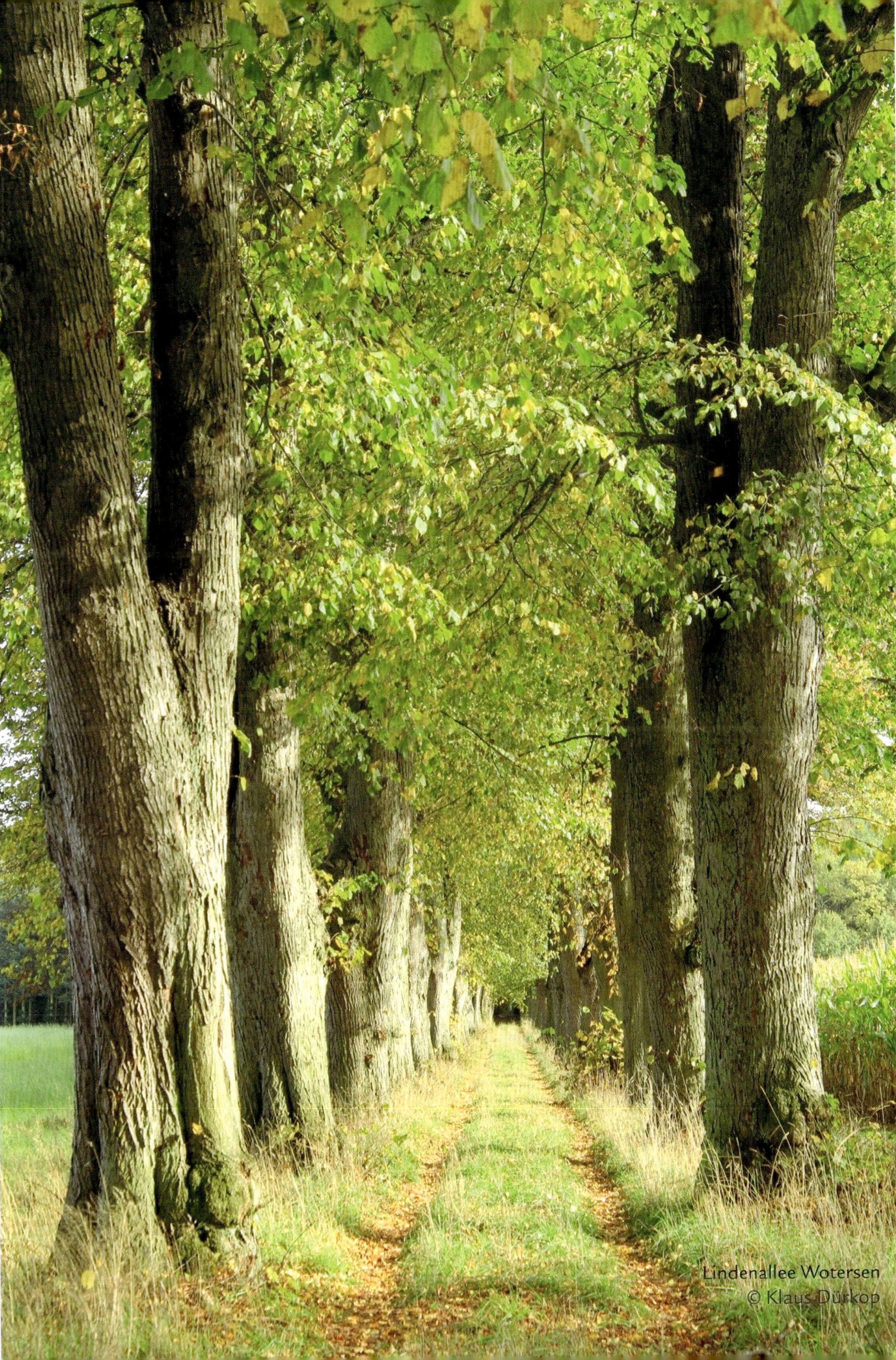
Lindenallee Wotersen
© Klaus Dürkop

Alleen verbinden – und zwar nicht nur Orte, sondern auch Menschen

Gedanken eines Zeitzeugen

Julius von Bethmann-Hollweg, Gutsherr von Jersbek

Die Erhaltung des Jersbeker Barockparks mit seinen Alleestrukturen ist seit seiner Entstehung um 1740 ein Herzensanliegen der Familien, die sich um die Geschicke des Gutes Jersbek im Laufe der Jahrhunderte gekümmert haben.

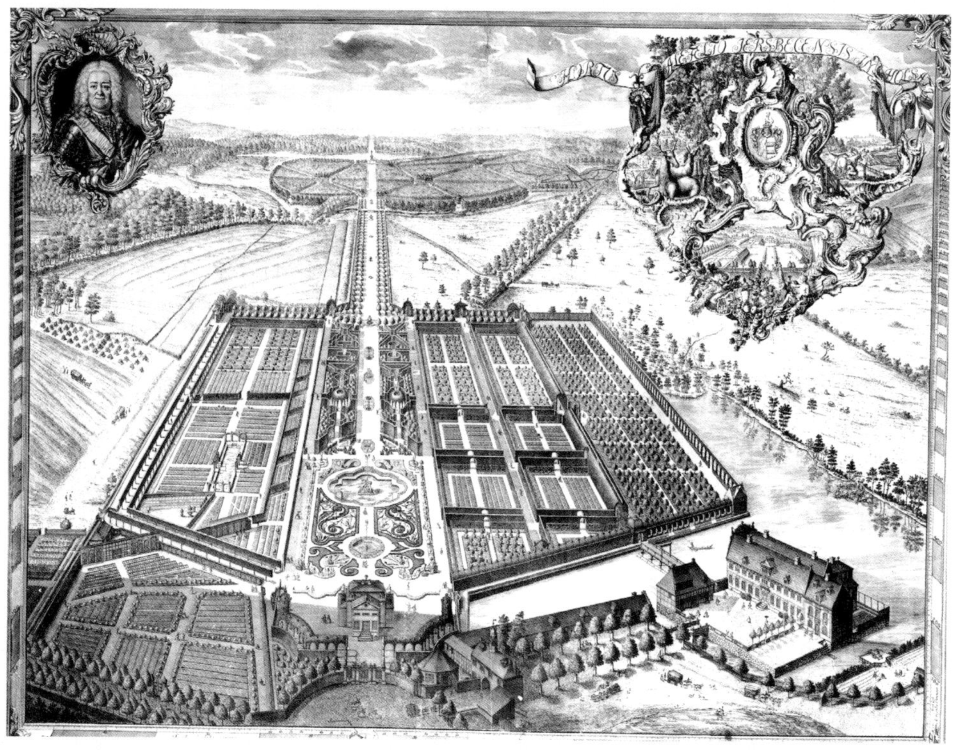

Kupferstich des Jersbeker Parks von C. Fritzsch 1747, Signatur Hamburger Staatsarchiv: 414-2

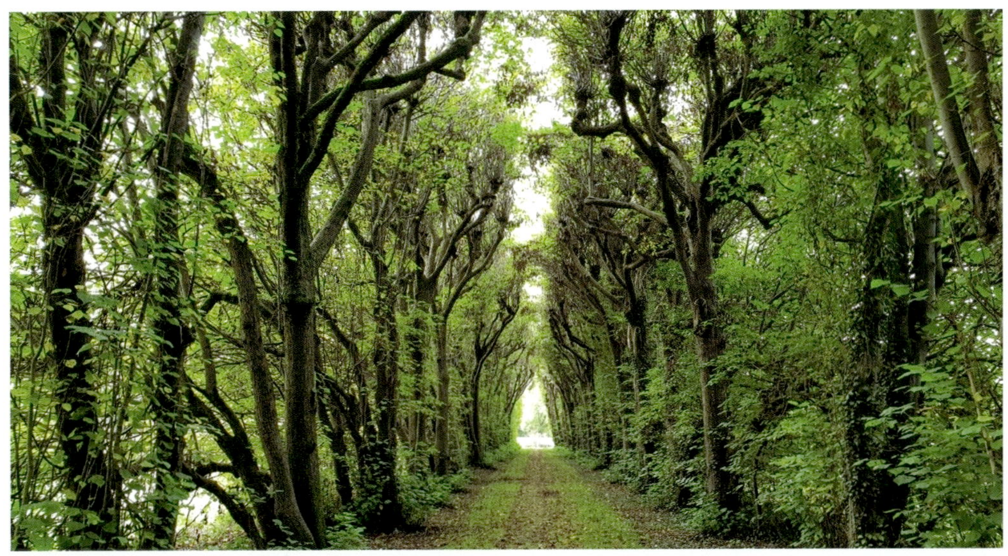

Lindenallee couverte mit Himmelsstrich, Jersbeker Park © Johann Böhling

Es besteht seit jeher die Herausforderung zu erkennen, was getan werden muss und was getan werden kann, um die Alleen in ihrer Gesamtstruktur auch für kommende Generationen zu erhalten.

Mein Urahne Theodor von Reventlow erkannte die Zeichen seiner Zeit und wandelte den Barockpark um 1840 in einen englischen Landschaftspark um. Diese strategische Entscheidung aus wirtschaftlichen Zwängen heraus war eine Entscheidung mit Weitsicht: Um die Grundstruktur der Alleen in diesem Park erhalten zu können, mussten die pflegeintensiven Heckenquartiere und das kostspielige Lustspielhaus geopfert werden.

Als Vertreter einer weiteren Generation in der Kette der Verantwortlichen sah ich mich im Jahre 2005 mit der strategischen Frage der Erhaltung des Parks mit seinen Alleen und dem Laubengang konfrontiert.

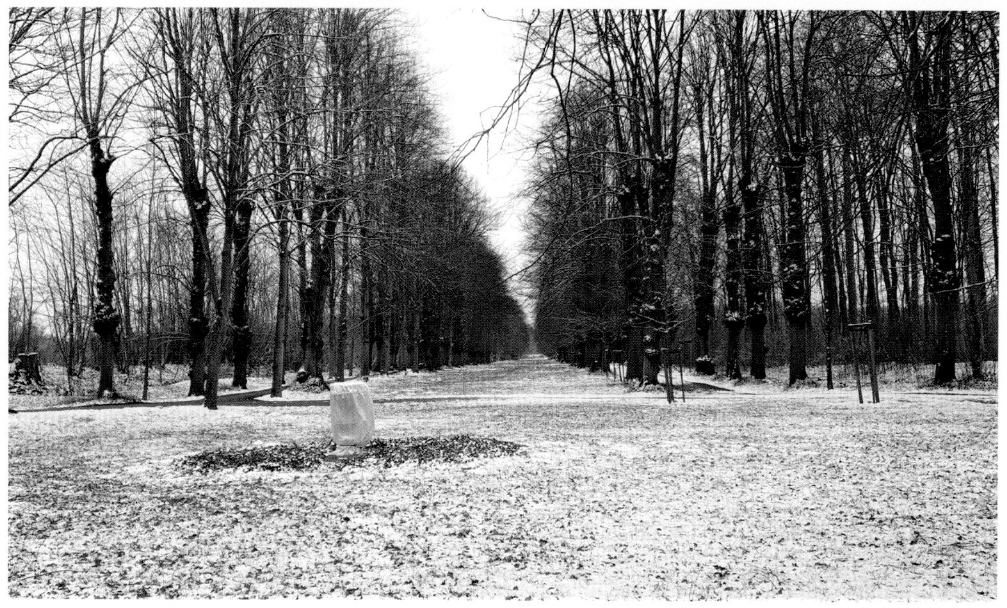

Vierreihige Hauptallee »Windallee«, Jersbeker Park © Johann Böhling

Die langfristige Überführung des Parks aus der privaten in die öffentliche Nutzung war die strategische Neuausrichtung, um die Erhaltung der Alleen und der barocken Grundstruktur sicherzustellen.

Diese langfristige Überführung war nur durch die Verbindung von tatkräftigen Visionären mit Herzblut möglich, die sich im Jahre 2010 zu einem Förderverein Jersbeker Barockpark e. V. zusammenfanden.

Der Zusammenschluss dieser Menschen hat die Weichen für die weitere Erhaltung der Alleen im Barockpark gestellt. Es wurden seither unter Federführung des Vereins über 140 abgängige Bäume ersetzt und eine Vielzahl der barocken Elemente im Park konnten rekonstruiert und wiederhergestellt werden.

Alleen verbinden also nicht nur Orte, sondern auch Menschen.

Gutsalleen

Als Ausdruck von fürstlicher Macht und Reichtum wurden Alleen nicht nur in Gärten oder Parks, sondern auch als imposante Zufahrten zu den Herrenhäusern und in der freien Landschaft als weithin sichtbare Verschönerungs- und Strukturelemente gepflanzt. Die in der Zeit der Landschaftsverschönerungsmaßnahmen des 19. Jahrhunderts gepflanzten **Gutsalleen** prägen unsere Guts- und Kulturlandschaft bis heute [5, 6].

Die älteste bekannte Allee ist die Eichenallee des Gutes Gudow, die Ende des 17. Jahrhunderts, ca. 1665, gepflanzt worden ist. Großartige Alleensysteme sind in Schönböken und Seedorf zu bestaunen. Die Zufahrtsallee auf das historische Torhaus des Gutes Schönböken ist eine ungefähr 1,1 km lange, mit Ausnahme einiger Nachpflanzungen vollständig erhaltene Lindenallee von 1863. Gemeinsam mit vier weiteren Lindenalleen unterliegt sie als eingetragenes Naturdenkmal einem besonderen Schutz [3, 4, 8, B].

Genauso wie die 1,7 km lange Hornsdorfer Allee ist sie eine imposante, landschaftsprägende Allee. Schon von Weitem sichtbar erheben sie sich und ziehen sich wie ein grünes Band durch die Landschaft. Die Hornsdorfer Allee besteht im östlichen Abschnitt aus ca. 170-jährigen Eichen, im östlichen Abschnitt wachsen ca. 150-jährige Linden. Zu dem Alleensystem dieses Gutes gehören neben der Himmelsallee als Zufahrt zum Torhaus noch weitere Lindenalleen.

Die ungefähr 1,8 km lange, als Naturdenkmal geschützte Eichenallee, in der Nähe des Gutes Bossee gelegen, verbindet die Bosseer mit der

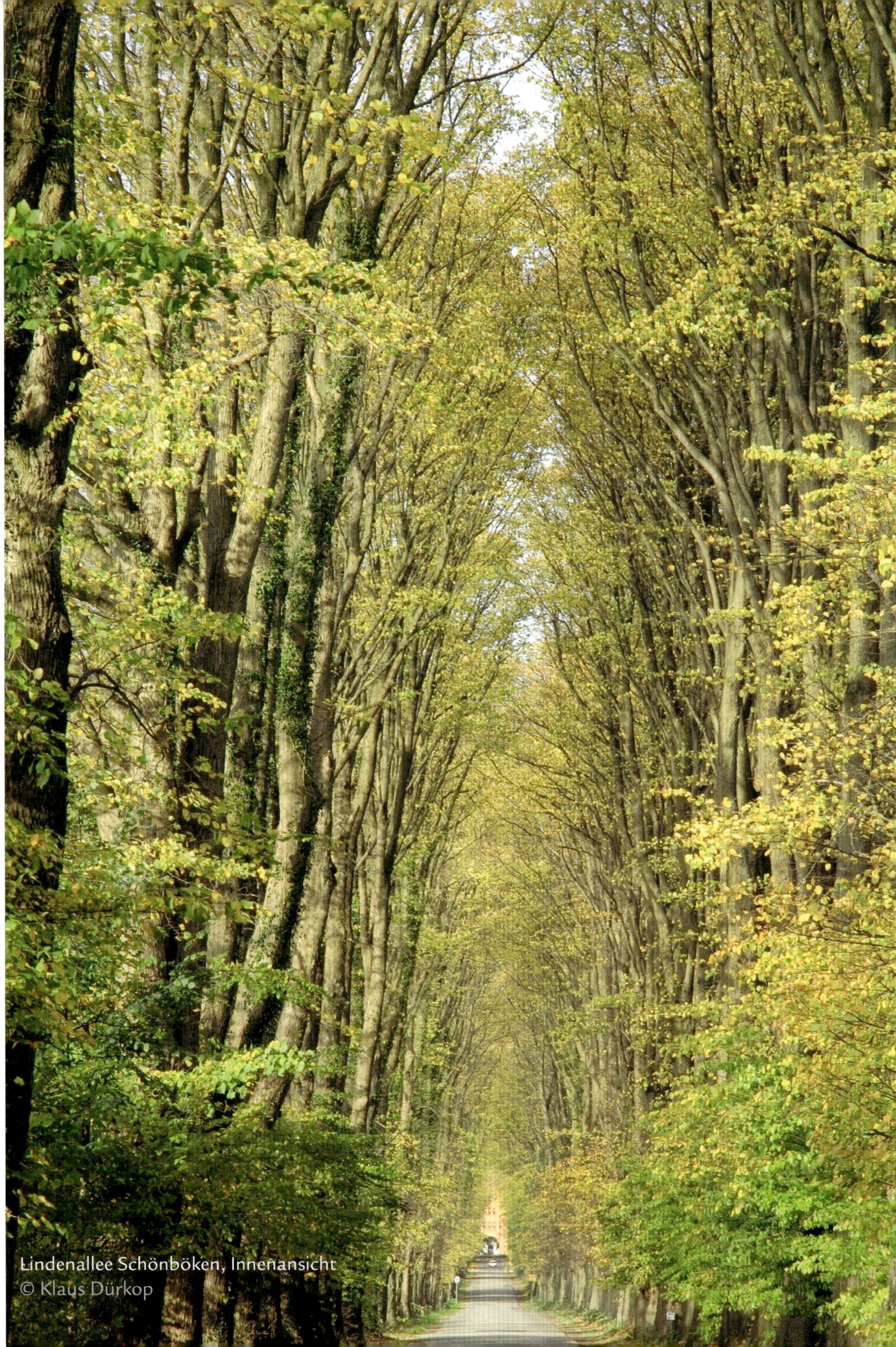
Lindenallee Schönböken, Innenansicht

Schönhagener Straße. Ihr historischer Name ist Hüttenredder. Alte Glasflaschenfunde belegen, dass es hier früher eine Glashütte Abel gegeben hat. Das Feld neben der Allee trägt heute noch den Namen Abelskoppel. Im Gegensatz zu den meisten Alleen verläuft sie leicht geschwungen, wie ein mäandrierender Bach. Mächtige, mehr als 200-jährige Eichen säumen den schmalen Weg. Sie schaffen eine einzigartige Atmosphäre.

Diese Alleen sind nur einige Beispiele für die Vielfalt historischer Alleen in Schleswig-Holstein. Jede von ihnen hat ihre eigene Geschichte und trägt zur Schönheit und kulturellen Bedeutung des jeweiligen Ortes und der jeweiligen Region bei.

Waldalleen

Im 18. und 19. Jahrhundert entstanden auch die **Waldalleen**, die als sogenannte Jagdalleen in den Tiergärten angelegt worden sind. Die Tiergärten und die Jagd dienten in der aristokratischen Gesellschaft ebenfalls repräsentativen Zwecken. Diese Alleen gibt es heute nicht mehr. Ende des 19. Jahrhunderts wurde die Tradition der Waldalleen in den Staatsforsten wiederbelebt.

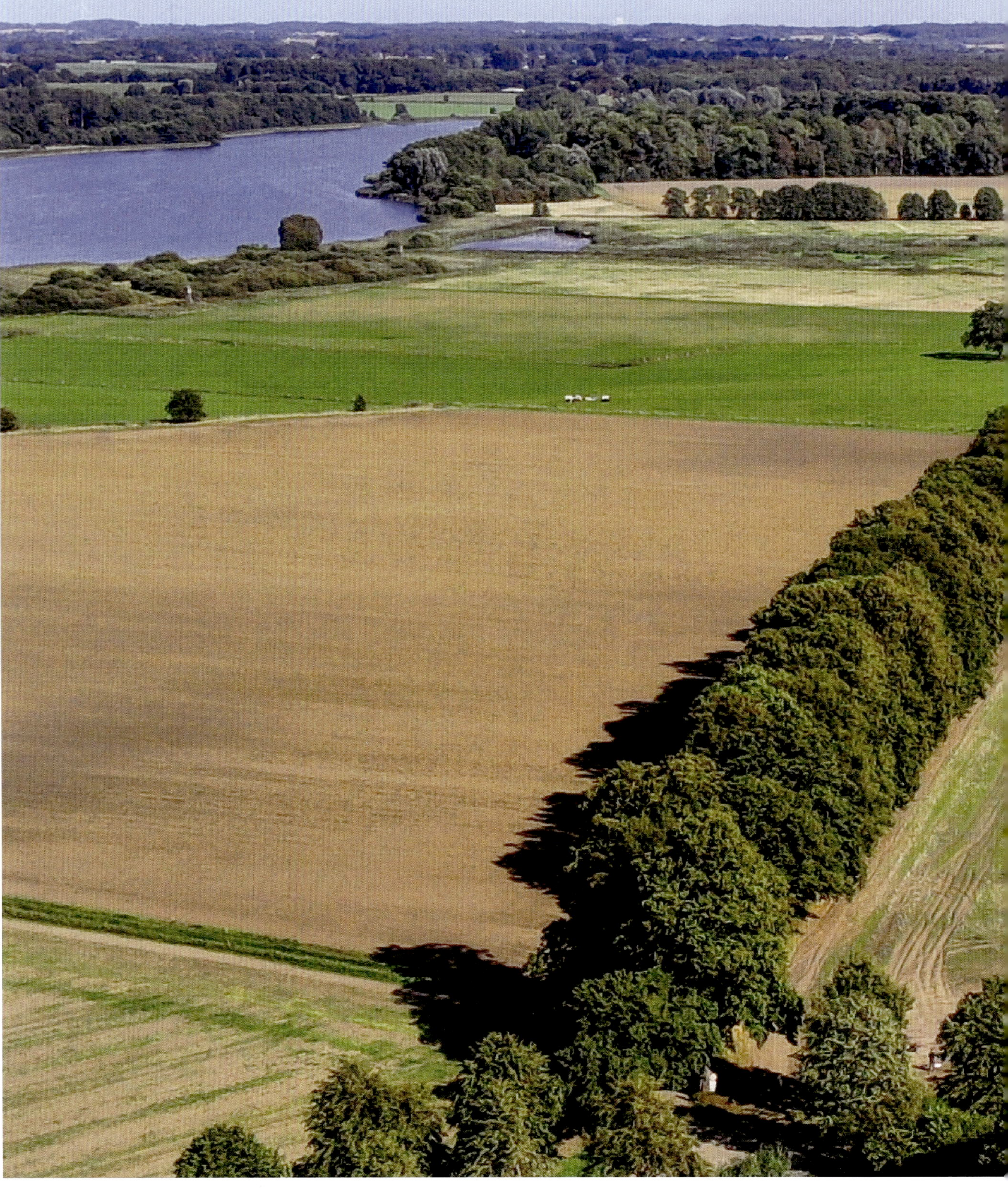

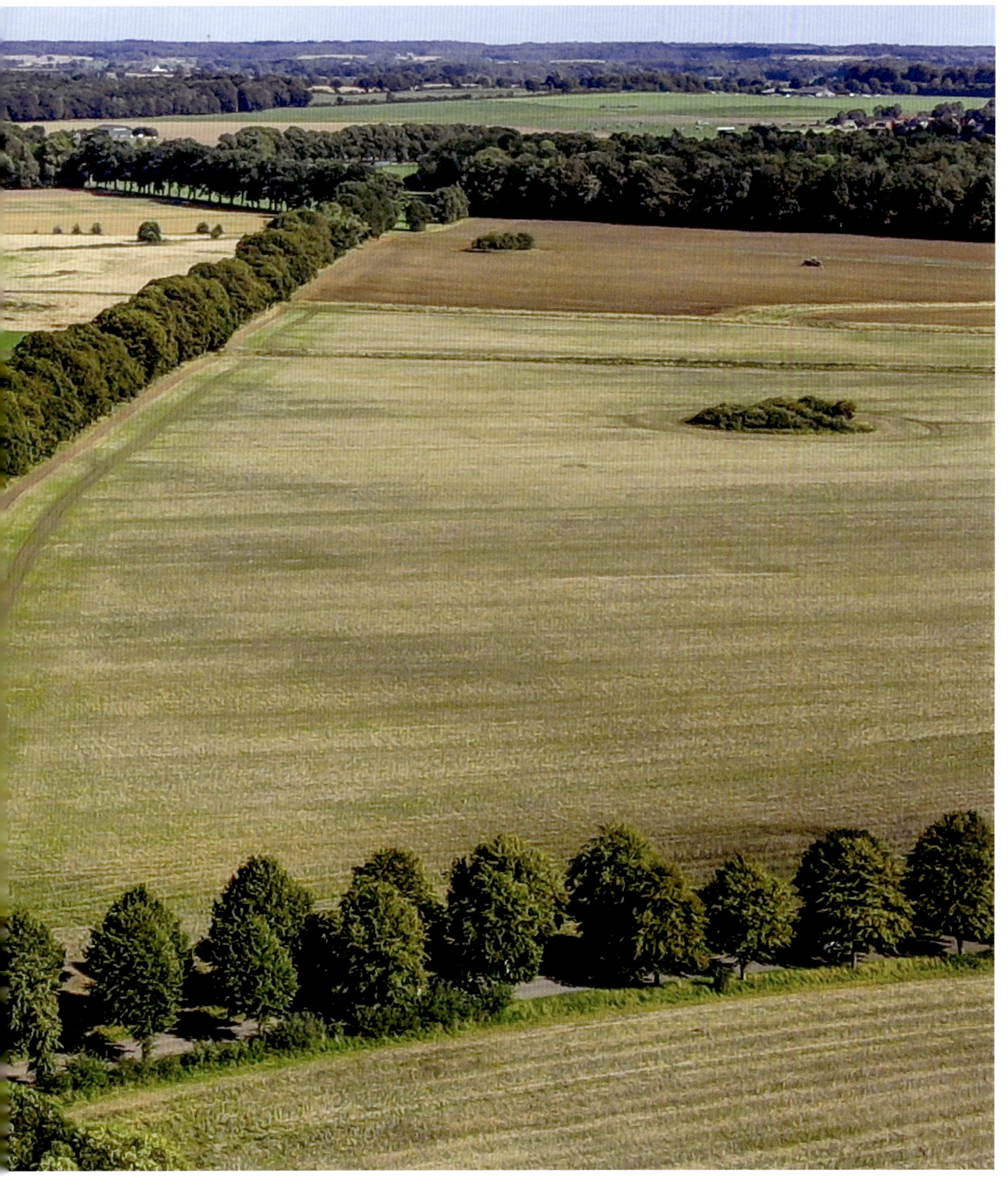

Alleen in Seedorf © Heino Müller

Alleen und Wald

Gedanken eines Zeitzeugen

Von Johann Böhling

Schutzgemeinschaft Deutscher Wald e. V.

Bäume haben mich durch mein Berufsleben als Förster begleitet. Sie sind mir eng ans Herz gewachsen. Meistens standen geschlossene Waldbestände im Mittelpunkt meiner Arbeit. Mein Blick fiel aber auch immer wieder auf besondere Einzelbäume, Baumgruppen, Baumreihen und Alleen.

Meine ehrenamtliche Tätigkeit in der Schutzgemeinschaft Deutscher Wald und der Alleenwettbewerb 2022 des Schleswig-Holsteinischen Heimatbundes haben meine Wahrnehmung für die vielfältigen Alleentypen im Land zwischen den Meeren geschärft: Straßenalleen, Garten- und Parkalleen, Alleen an Kirchen und auf Friedhöfen, Hof- und Gutsalleen und auch Waldalleen.

Die ersten Waldalleen entstanden im 18. Jahrhundert als Gliederungslinien für die »Tiergärten«. Tiergärten waren Jagdwälder des Adels. Die Wegränder wurden gezielt mit Kastanien oder Eichen bepflanzt, um dem Wild Nahrung zu bieten. Aus dieser Zeit sind lediglich Einzelbäume erhalten.

Ende des 19. Jahrhunderts entstand der Begriff Forstästhetik. Wirtschaftswälder sollten im Sinne des damaligen Schönheitsbegriffs gestaltet und gepflegt werden. Hierzu gehörte die Anlage von Alleen an Waldwegen. Viele der in dieser Zeit entstandenen Erstaufforstungen der preußischen

Provinzialforstverwaltung wurden durch Alleen oder Randbepflanzungen mit unterschiedlichen Baumarten aufgewertet. Diese wurden häufig nicht konsequent freigestellt und sind deshalb in die Waldbestände eingewachsen.

Als ich 1982 die Leitung des damaligen Forstamtes Rendsburg übernahm, fielen mir die Birkenalleen und Birkenreihen im Wald zwischen Lohe und Tetenhusen auf. Diese sind im Zuge der Wiederaufforstungen der Nachkriegskahlschläge entstanden und heute teilweise noch erhalten.

Ich durfte in meinem Berufsleben die Epoche der umfangreichen Erstaufforstungen im Zeitraum zwischen 1980 und 2000 miterleben. Wir haben die Tradition der Waldalleen neu belebt. In vielen Neuwaldkomplexen gibt es an den Wegen Alleen und Baumreihen, oft mit den Baumarten Rosskastanie und/oder Vogelkirsche. Gern besuche ich diese Zeugen meiner beruflichen Arbeit und hoffe, dass kommende Generationen ihren ästhetischen Wert schätzen und für Pflege und Erhaltung sorgen werden.

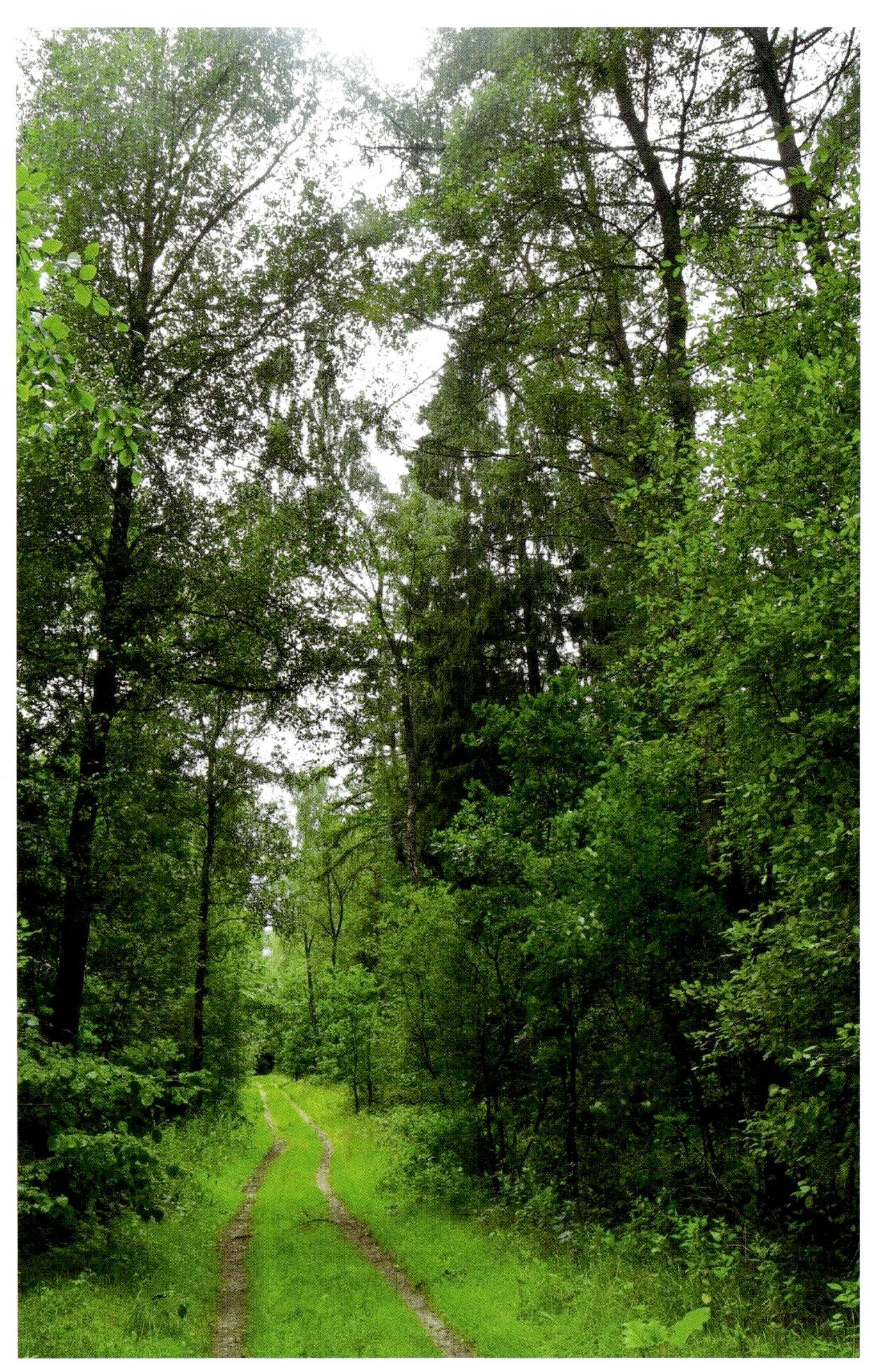

70-jährige Birkenallee
im Loher Gehege

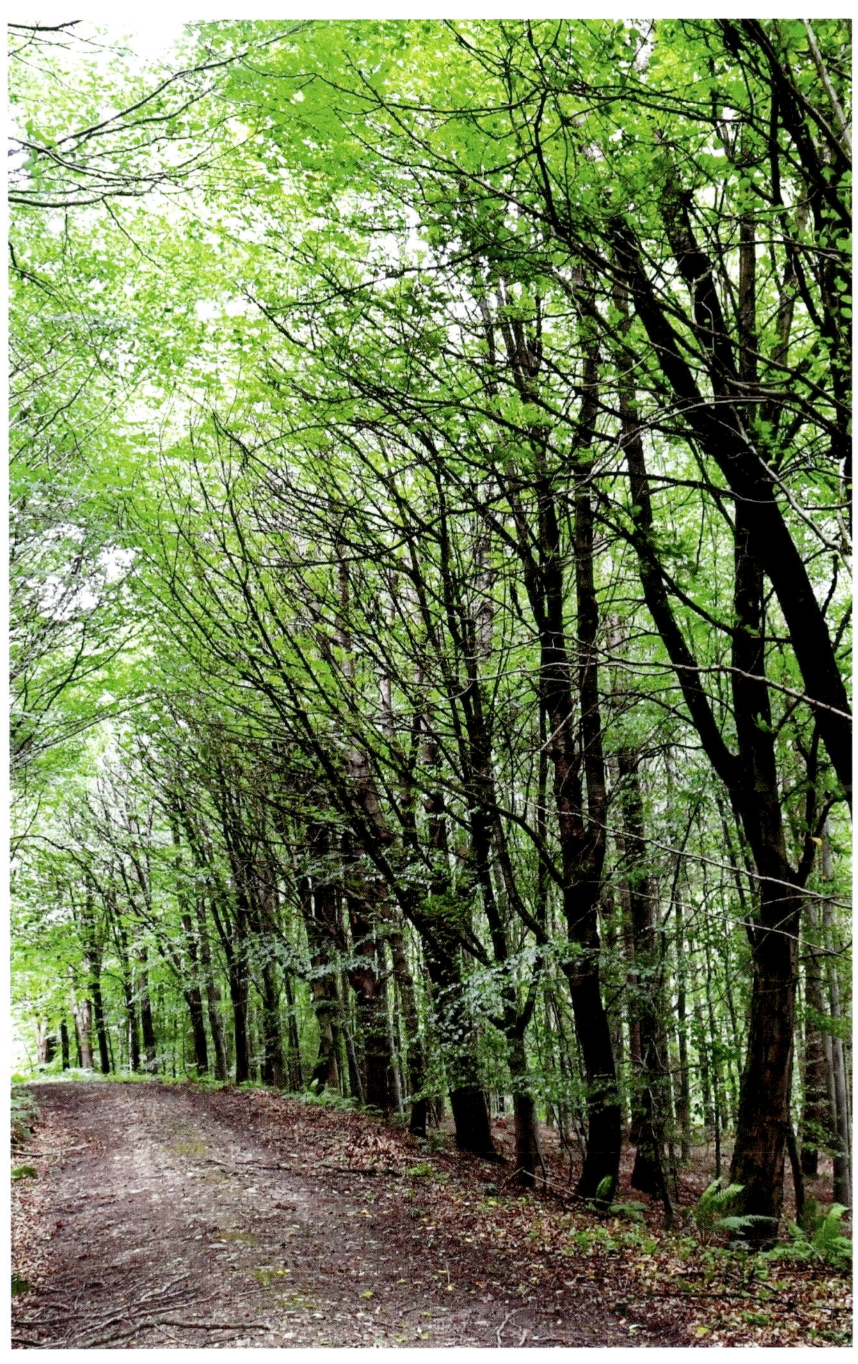

40-jährige Allee Kastanie-Kirsche in Langstücken, Hüttener Berge
© Johann Böhling

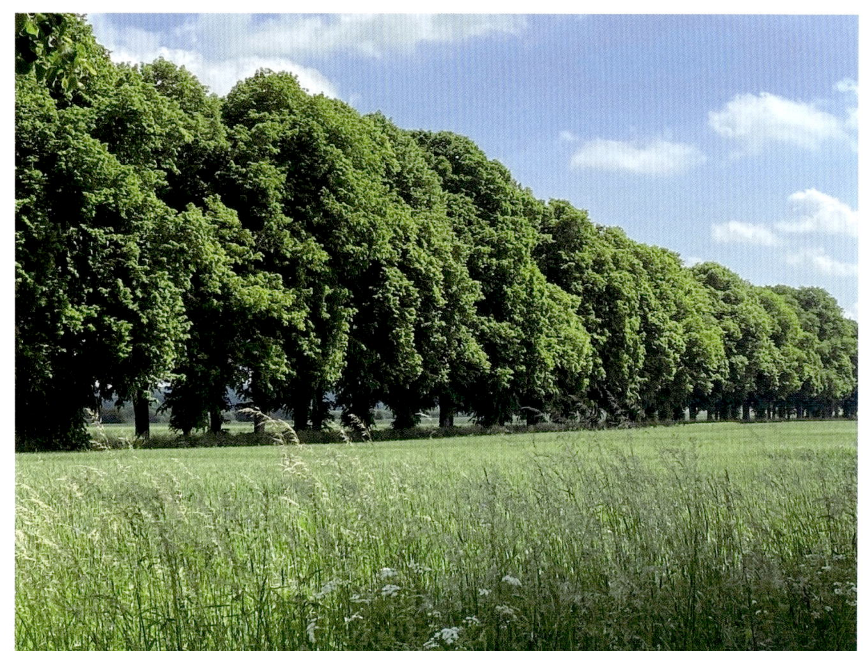

Hornsdorfer Allee im Landschaftsbild
© Philipp Frank

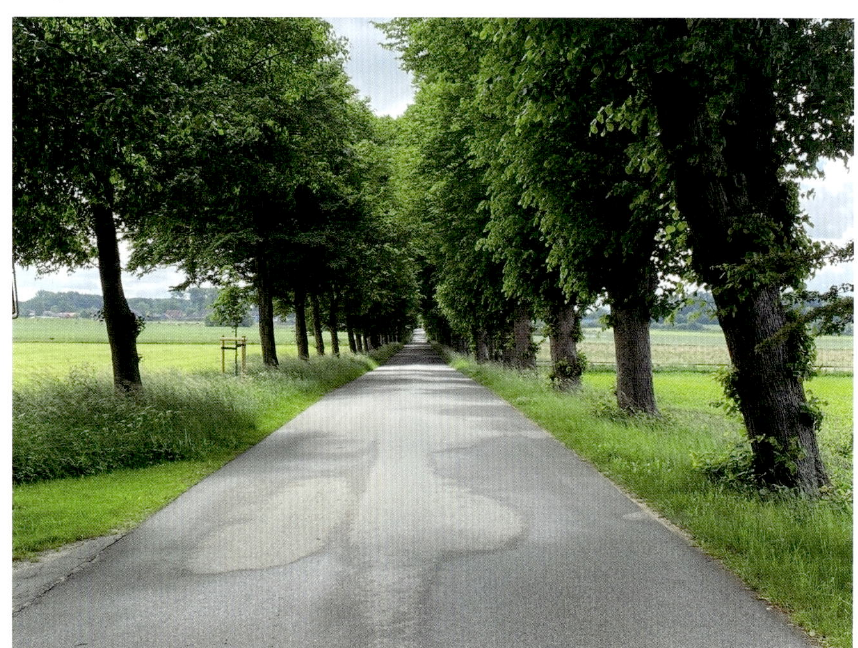

Himmelsallee bei Seedorf
© Philipp Frank

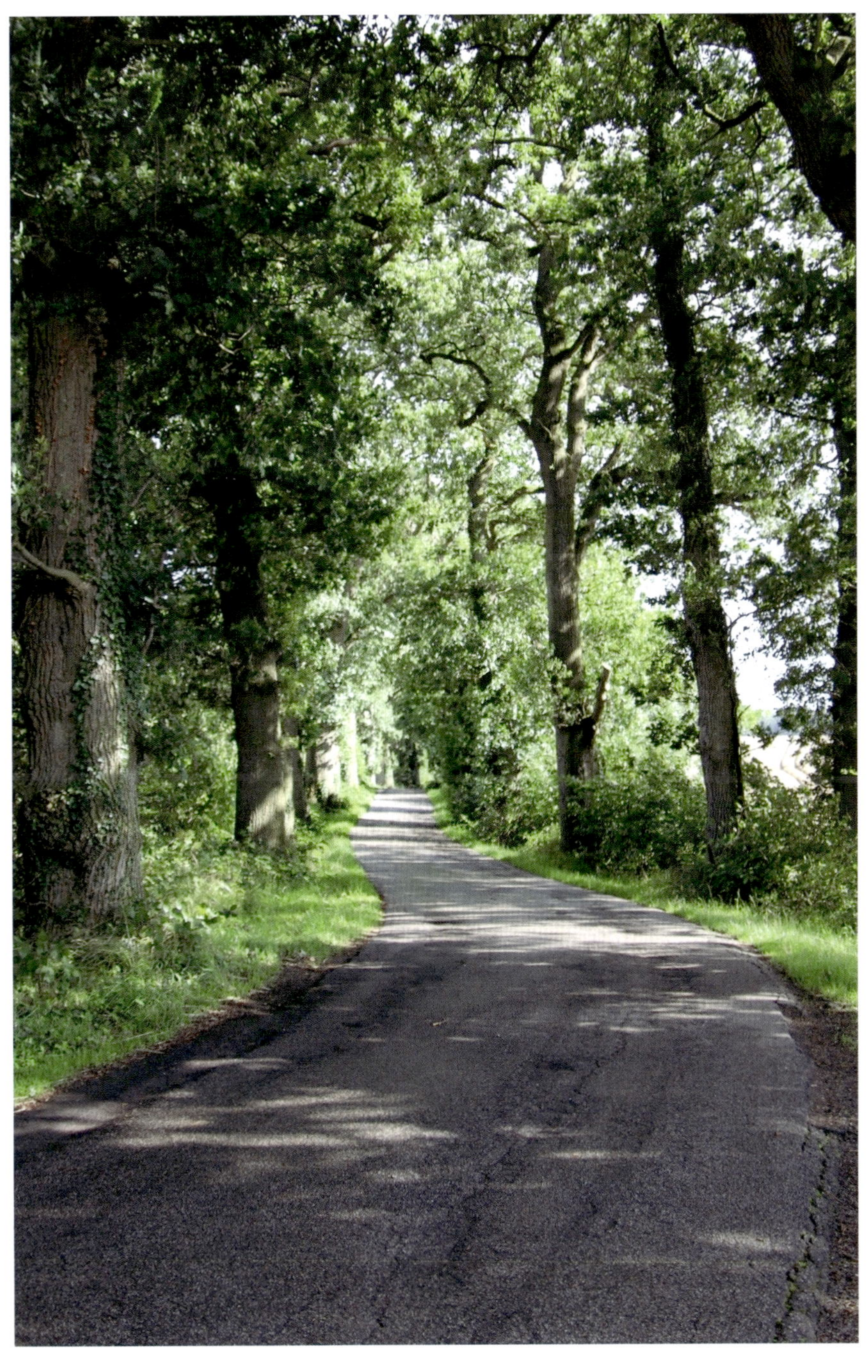

Hüttenredder, Eichenallee
bei Gut Bossee

Straßenalleen

Bis ins erste Drittel des 19. Jahrhunderts gliederte sich Schleswig-Holstein wirtschaftlich in eher abgeschlossene Kleinregionen. Zurückzulegende Transportwege betrugen in der Regel zwischen zehn und 15 km. Die Straßen und Wege waren einfach und wenig befestigt.

Erst der Landesausbau von Infrastruktur, das heißt Transportwegen, in den damals dänischen Herzogtümern Schleswig und Holstein brachte für die Menschen und auch die Natur wesentliche Veränderungen mit sich. Wurde zuvor der Ausbau der Wasserwege forciert, bekamen jetzt auch die Transportwege an Land immer mehr Bedeutung. In der Zeit des Chausseebaus 1830 bis 1860 bis zum Anfang des 20. Jahrhunderts sind viele **Straßenalleen** entstanden.

Alleebäumen kamen damals wie heute wichtige Funktionen zu. Sie hatten die Aufgabe, die Trassen zu befestigen und eine sichtbare Markierung der Straßengrenzen herzustellen. Darüber hinaus dienten Alleen auch als Schattenspender für Reisende und als Windschutz für landwirtschaftliche Flächen. Weitere nützliche Eigenschaften waren die Lieferung von Brenn- und Bauholz sowie Flechtmaterial und Nahrung am Wegesrand (Obstbaumalleen) [6, 8].

Von besonderer Bedeutung ist die erste Kunststraße in Schleswig-Holstein, die Chaussee Altona-Kiel mit ihrer begleitenden Allee. Auch die 1907 im Zuge des Baus des Nord-Ostsee-Kanals entlang der Kanalstraße in Kiel-Holtenau gepflanzte Platanenallee hat einen besonderen Charakter. Sie ist Teil des national bedeutenden technischen Denkmals Nord-Ostsee-Kanal [6].

»Die Nachkriegsmoderne kennt in der Regel keine Alleen mehr, nach dem Zweiten Weltkrieg kamen Alleen aus der Mode« [4]. Vor allem seit den 1960er und 1970er Jahren bis heute ist ein großer Verlust an Alleen zu verzeichnen. Neben dem natürlichen Absterben aus Altersgründen und Krankheiten wie beispielsweise das Ulmen- und Kastaniensterben ist der Rückgang hauptsächlich auf den in dieser Zeit besonders stark angestiegenen Verkehr und den damit verbundenen Straßenausbau zurückzuführen. Ein großes Thema sind die rechtlichen Regelungen zur Verkehrssicherungspflicht, die damit verbundenen Baumkontrollen und die daraus abzuleitenden Maßnahmen in Bezug auf Pflege, Sicherung oder Fällung. Weitere rechtlichen Regelungen wie die Empfehlungen zum Schutz vor Unfällen mit Aufprall auf Bäume (ESAB) und die Richtlinie für den passiven Schutz durch Fahrzeug-Rückhaltesysteme (RPS) führen dazu, dass Bäume in vielen Fällen nicht direkt in der Alleenflucht oder gar nicht nachgepflanzt werden können [1, 4, 7, 9]. Bäume werden als Gefahrenstelle angesehen. Diese Gefahrenstellen müssen eliminiert bzw. durch Schutzeinrichtungen wie Schutzplanken und weite Abstände von der Straße entschärft werden. Die Problematik ist weit umfassender, als sie sich hier in der Kürze darstellen lässt.

Diese rechtlichen Regelungen zur Verkehrssicherheit erschweren in erheblichem Maß Neuanpflanzungen und den Erhalt alter Alleen an den Straßen.

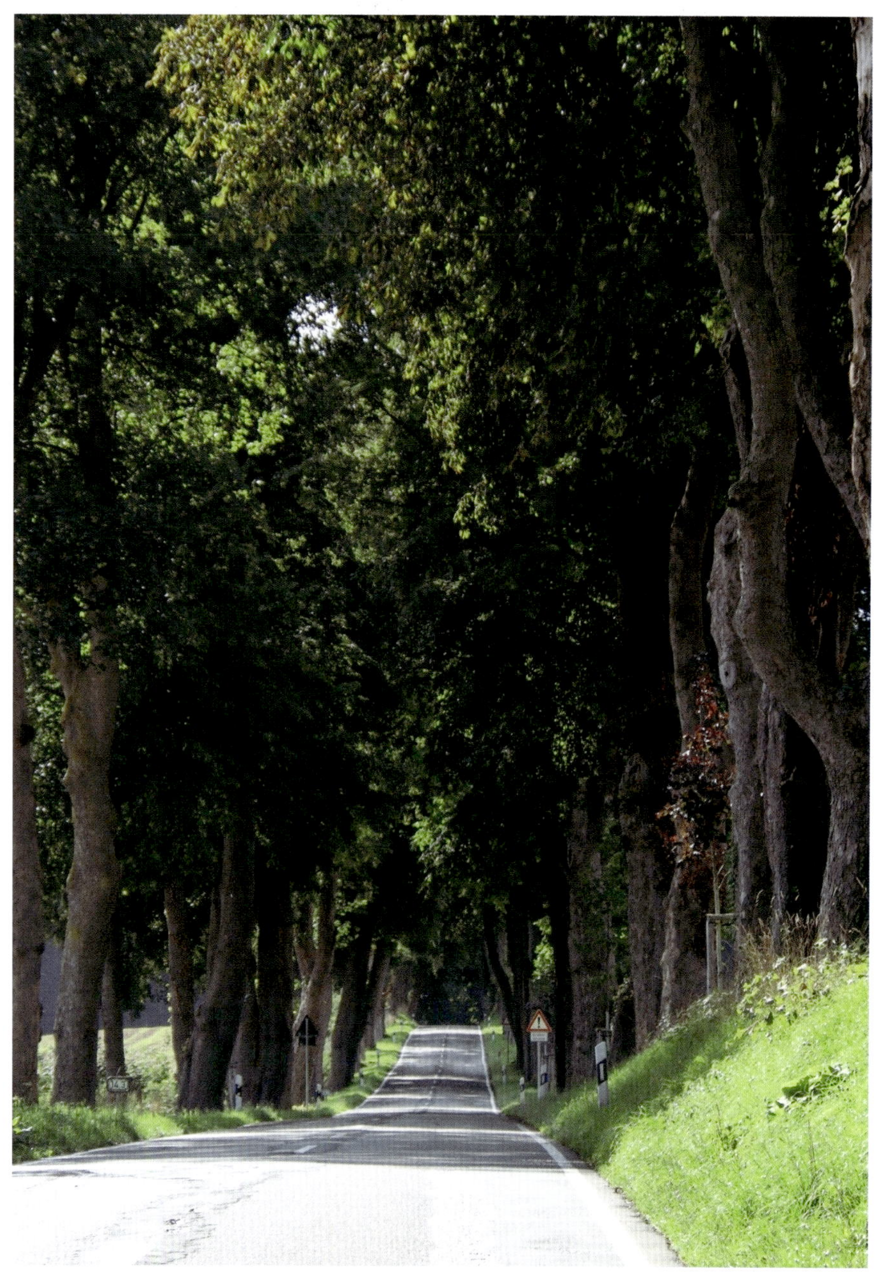

Emkendorfer Allee

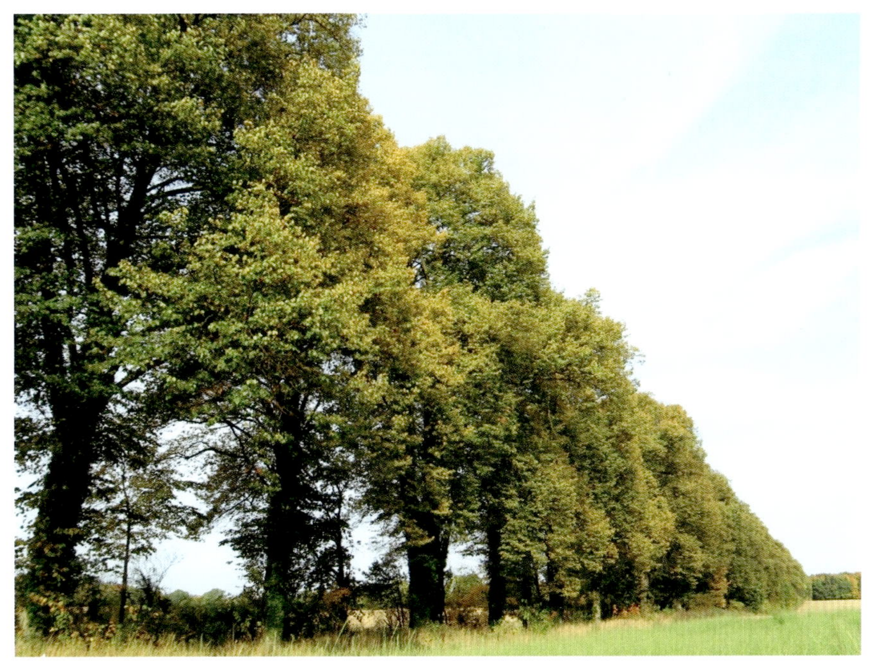

Lindenallee Wotersen
© Klaus Dürkop

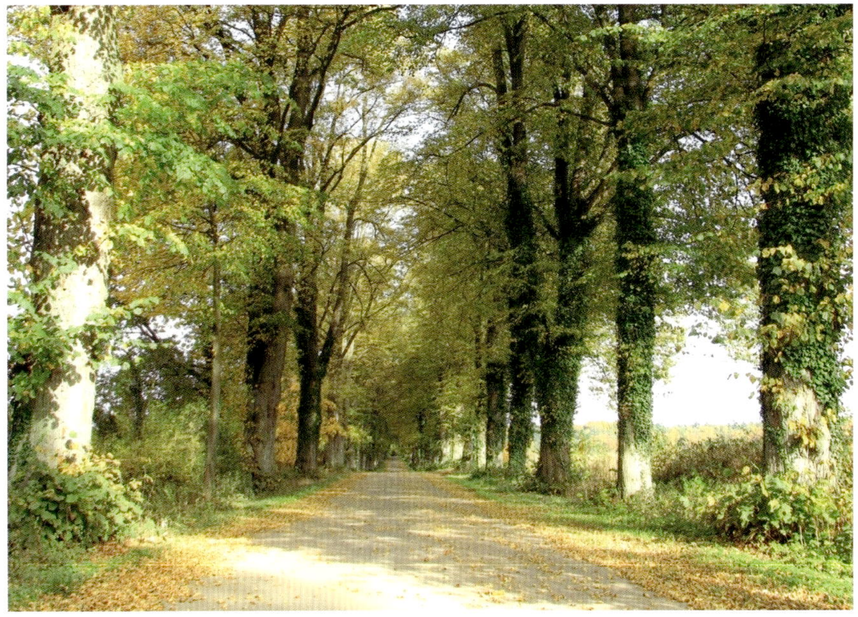

Lindenallee Wotersen
© Klaus Dürkop

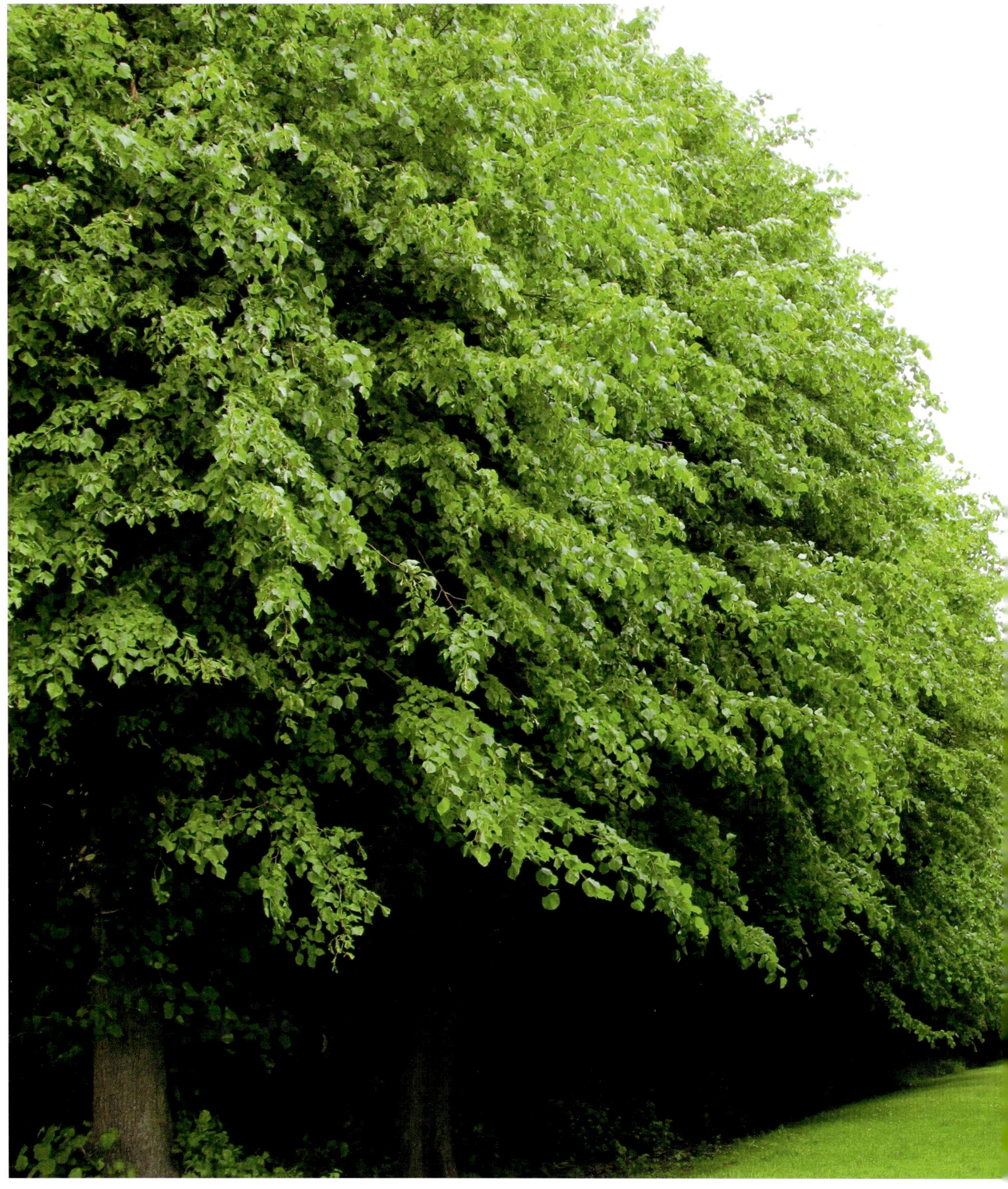

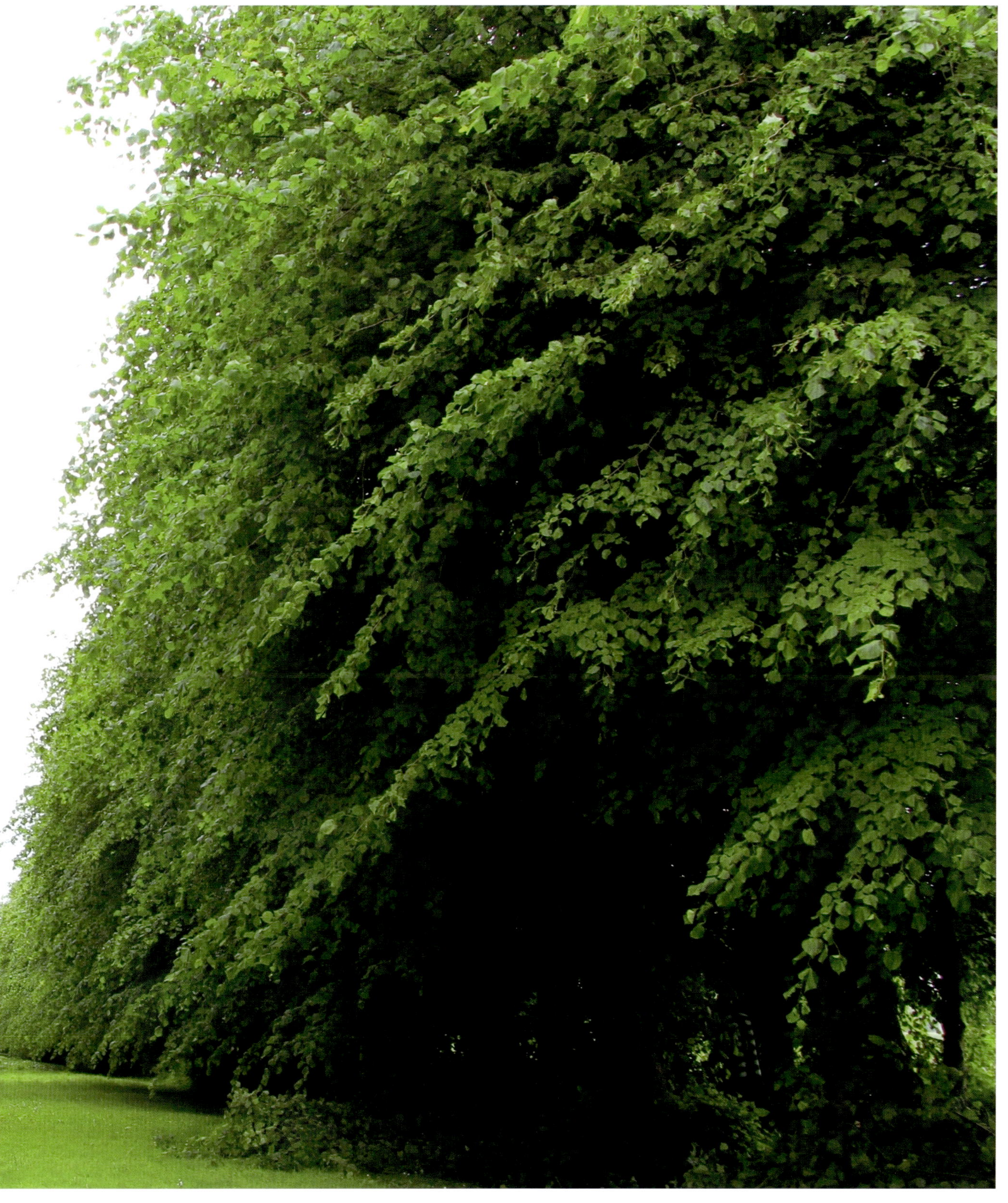

Vierreihige Allee Gut Seestermühe © Klaus Dürkop

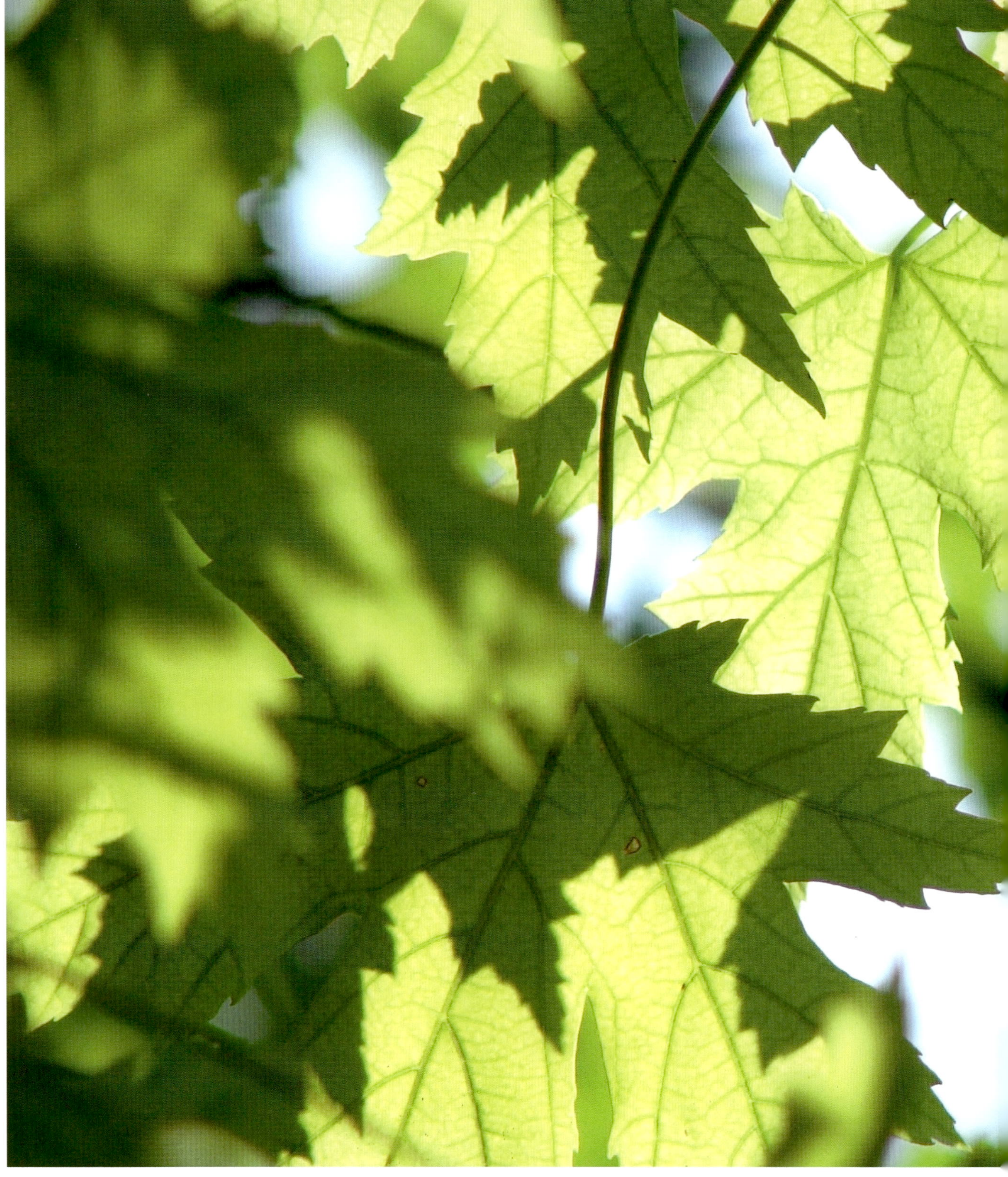

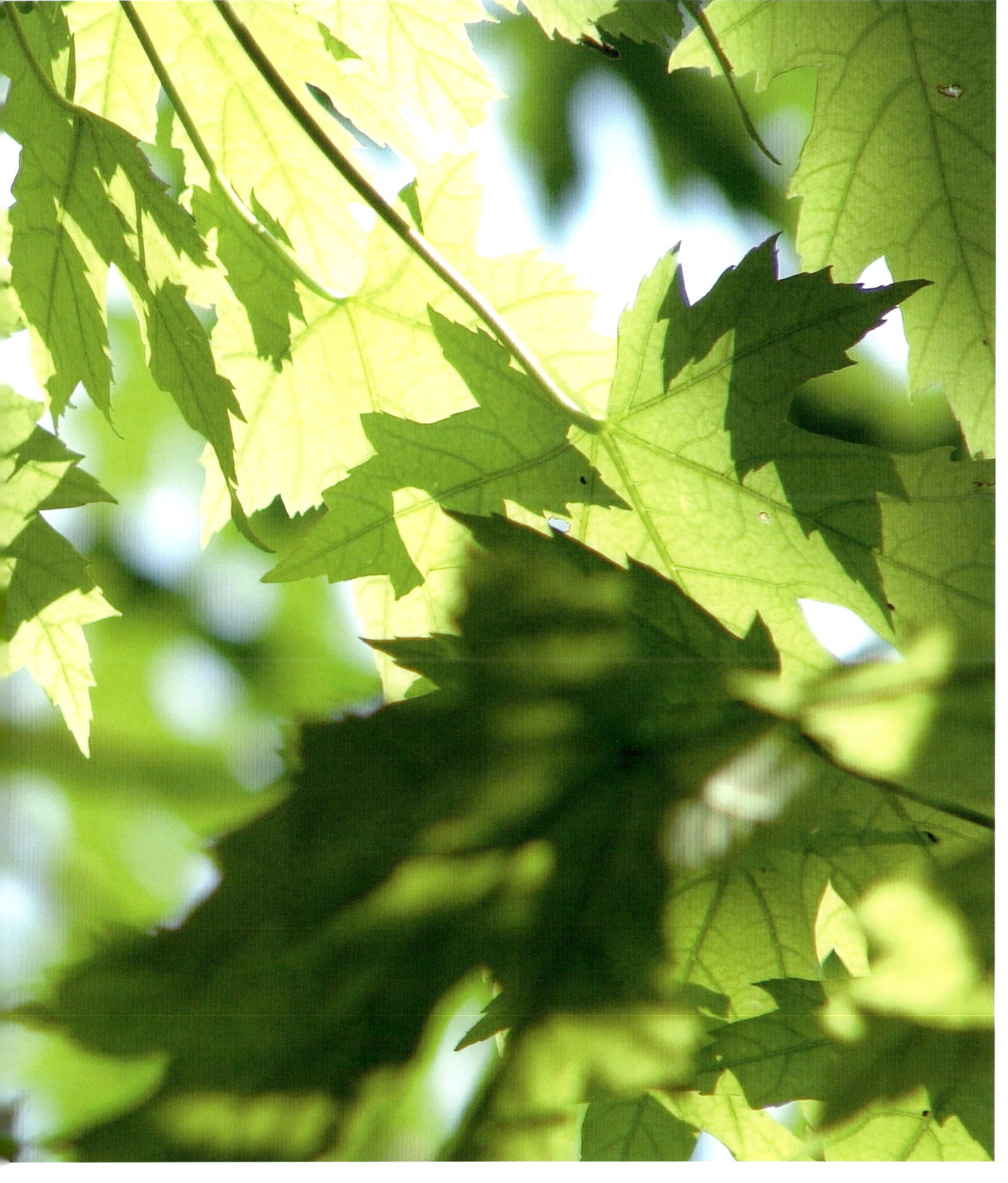

Ahornblätter © gregovish / pixabay

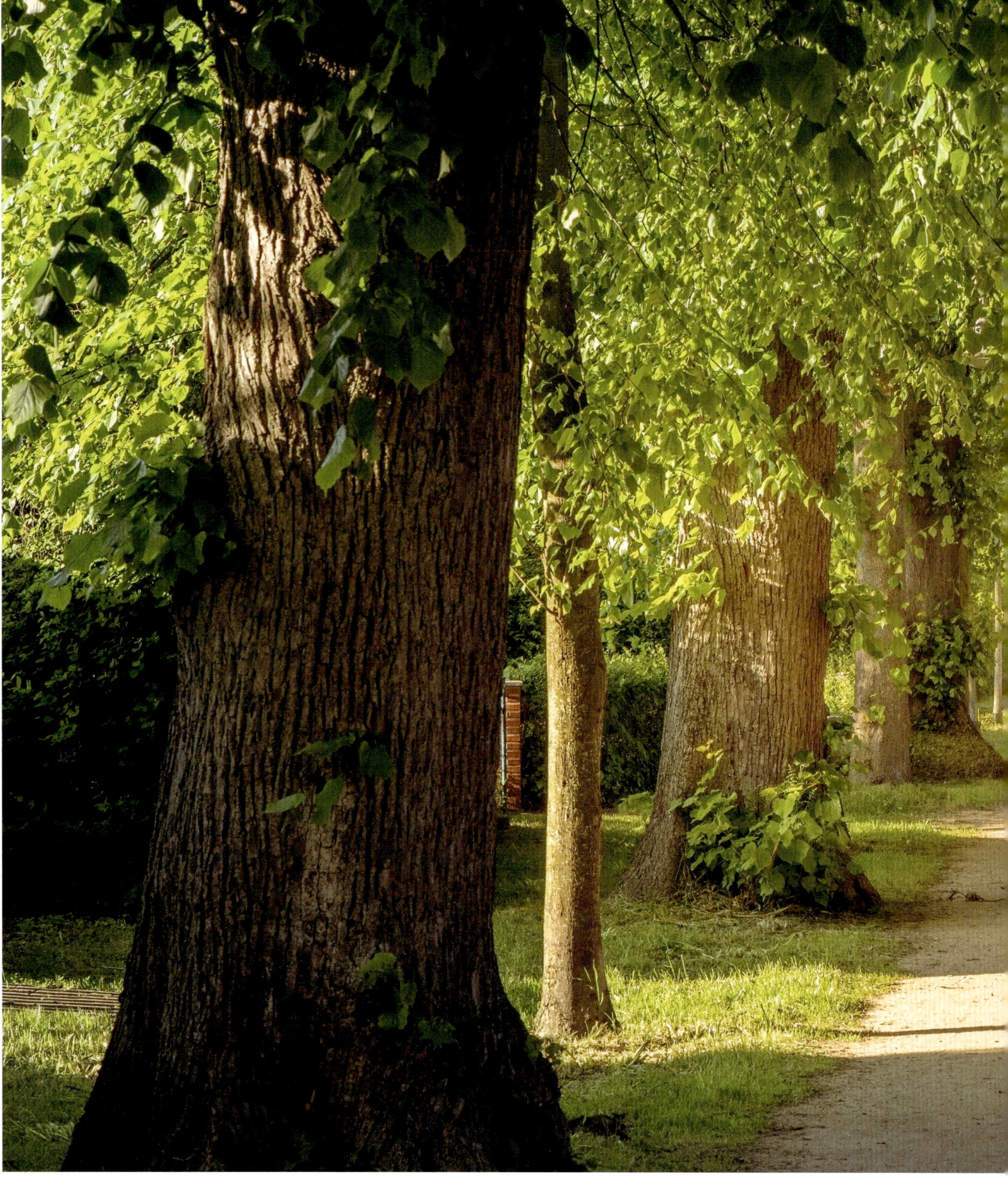

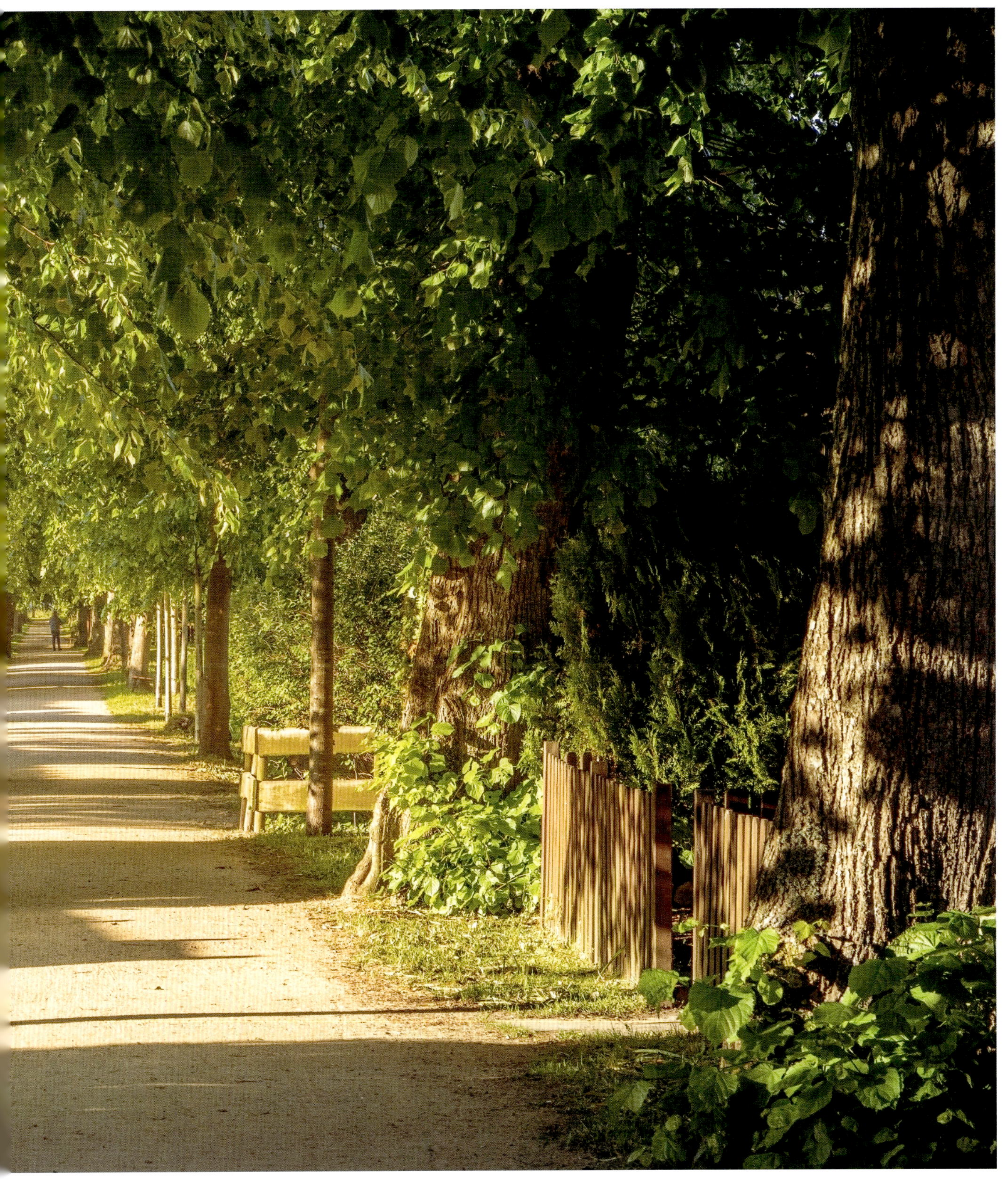

Paasch-Eyler-Allee am Kurpark in Dahme an der Ostsee

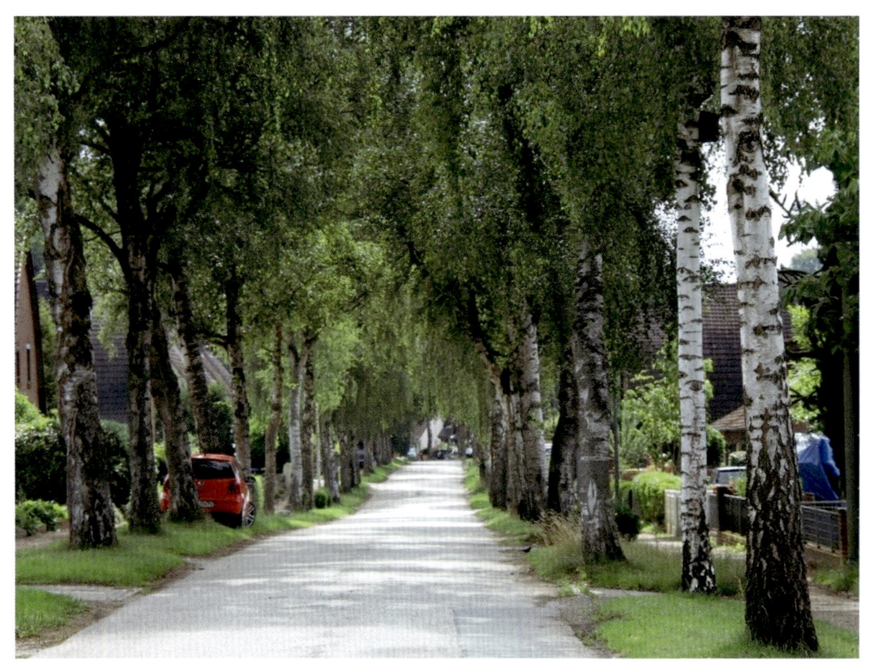

Birkenallee in Kiel-Hammer
© Dagmar Andresen

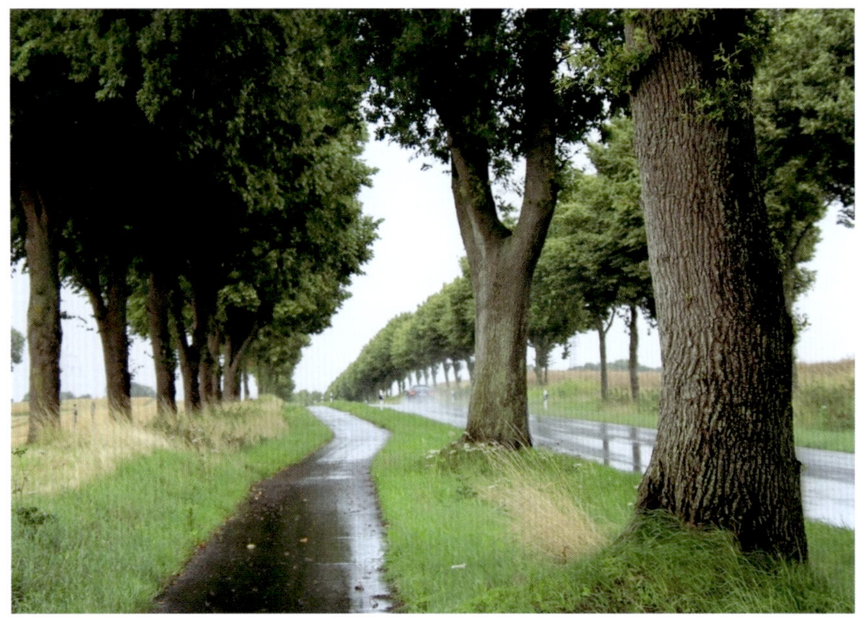

2,6 km lange Lindenallee Kieler Straße zwischen BAB Abfahrt Achterwehr und Bredenbek
© Dagmar Andresen

Baumkontrollen in Alleen – Verkehrssicherungspflicht

Fachbeitrag

Von Matthias Werner, Landesbetrieb Straßenbau und Verkehr des Landes Schleswig-Holstein

Eine Allee ist ein Weg, eine Straße, an der links und rechts Bäume stehen. Oftmals sind diese Bäume sehr alt und sehr groß, sodass ohne eine fachgerechte Baumpflege von diesen Bäumen eine Gefahr für den Benutzer dieser Allee besteht, z.B. durch herabfallendes Totholz oder das Herausbrechen von Kronenteilen bis hin zum Umfallen von nicht mehr standsicheren Bäumen.

Hier greift die sogenannte Verkehrssicherungspflicht, die nur durch eine qualifizierte Baumkontrolle erfüllt werden kann.

Die Baumkontrolle, auch Regelkontrolle oder einfache Sichtkontrolle, richtet sich nach den Baumkontrollrichtlinien (Richtlinien für Baumkontrollen zur Überprüfung der Verkehrssicherheit; FLL, aktuelle Ausgabe 2020). Sie gelten für alle Bäume, die aus Verkehrssicherheitsgründen kontrolliert werden müssen.

Baumkontrollen sind zur Überprüfung der Verkehrssicherheit, zur Ermittlung von Schäden und ggf. zur Festlegung von Sicherungs- und Pflegemaßnahmen bzw. Handlungsempfehlungen durchzuführen. Baumkontrolleure müssen über ausreichende Fachkenntnisse verfügen und sind praktisch einzuarbeiten. Ihre fachlichen Kenntnisse sind regelmäßig zu vertiefen.

Bei der Baumkontrolle handelt es sich um eine »Sichtkontrolle als fachlich qualifizierte Inaugenscheinnahme vom Boden aus«.

Im Rahmen der Regelkontrolle müssen alle Straßenbäume in bestimmten Zeitabständen kontrolliert werden, jeder Baum ist dabei vom Boden aus und von allen Seiten zu besichtigen. Ggf. sind hierfür die Wurzelbereiche freizulegen und einfache Hilfsmittel zu benutzen.

Schadhafte Bäume sind in ein Kataster aufzunehmen (Schadbaumkataster), je nach festgestelltem Schaden entscheidet der Baumkontrolleur über erforderliche Maßnahmen.

Unabhängig davon sind nach unvorhersehbaren Ereignissen durch extremes Wetter oder Witterung, nach Schadensfällen, nach erheblichen Veränderungen im Baumumfeld (z. B. größere Baumaßnahmen) oder erheblichen Eingriffen in den Baum Zusatzkontrollen durchzuführen.

Eingehende Untersuchung *Die eingehende Untersuchung ergänzt die Baumkontrolle.*
In Einzelfällen kann der Baumkontrolleur, der die einfache Sichtkontrolle durchführt, einen festgestellten Schaden nicht abschließend beurteilen. Er löst dann eine eingehende Untersuchung aus (gemäß Baumuntersuchungsrichtlinien – Richtlinien für die eingehende Untersuchung zur Überprüfung der Verkehrssicherheit von Bäumen, Ausgabe 2013, FLL).

Durch die eingehende Untersuchung wird die Verkehrssicherheit eines Baumes abschließend beurteilt. Wer eine eingehende Untersuchung durchführt, muss daher eine fachspezifische Ausbildung (Gärtner, Forstwirt) absolviert haben und neben der Zertifizierung für die einfache Sichtkontrolle über langjährige Berufserfahrung verfügen.

Nur durch qualifizierte Baumkontrollen können Schäden an Alleebäumen festgestellt werden. Das dient nicht nur der Verkehrssicherheit, sondern auch dem langfristigen Erhalt der Alleen durch die sich hieraus ergebenden fachlich richtigen Baumpflegemaßnahmen.

Friedhofsalleen

Friedhöfe besitzen einen wertvollen Schatz an gut erhaltenen Alleen, die ökologisch und kulturhistorisch einen hohen Wert besitzen.

Das Leben der Bestatteten ist oft mit der Geschichte der Stadt oder des Dorfes verbunden. Befasst man sich näher mit den Grabsteinen, können diese Geschichten lebendig werden. Sie geben Aufschluss über die damalige Zeit und sind somit wertvolle historische Zeugnisse. Friedhofsgeschichte wird erlebbar, wenn man sich die Entstehung verschiedener Friedhöfe anschaut. Kunst und Gartengestaltung der jeweiligen Zeit spiegeln sich in der Gestaltung von Friedhöfen und den gepflanzten Alleen wider.

Der Hamburger Garten- und Friedhofsdirektor Otto Armand Linne (1869–1937) nahm maßgeblichen Einfluss auf die Planung des Friedhofs in Großhansdorf. Er war ein Verfechter der Friedhofsreformbewegung am Anfang des 20. Jahrhunderts. Das Gestaltungskonzept des Ohlsdorfer Friedhofs mit seinen streng barocken Achsensystemen in Form von Alleebäumen, interessant gewählten Perspektiven sowie boskettartig angelegten Grabfeldern findet sich im Kleinen auch auf dem 1930 eingeweihten Friedhof in Großhansdorf wieder.

Der bedeutende Gartenarchitekt Harry Maasz (1880–1946) hat beispielsweise 1929 die Erweiterung des Friedhofs der Ev.-Luth. Kirchengemeinde Oldesloe entworfen.

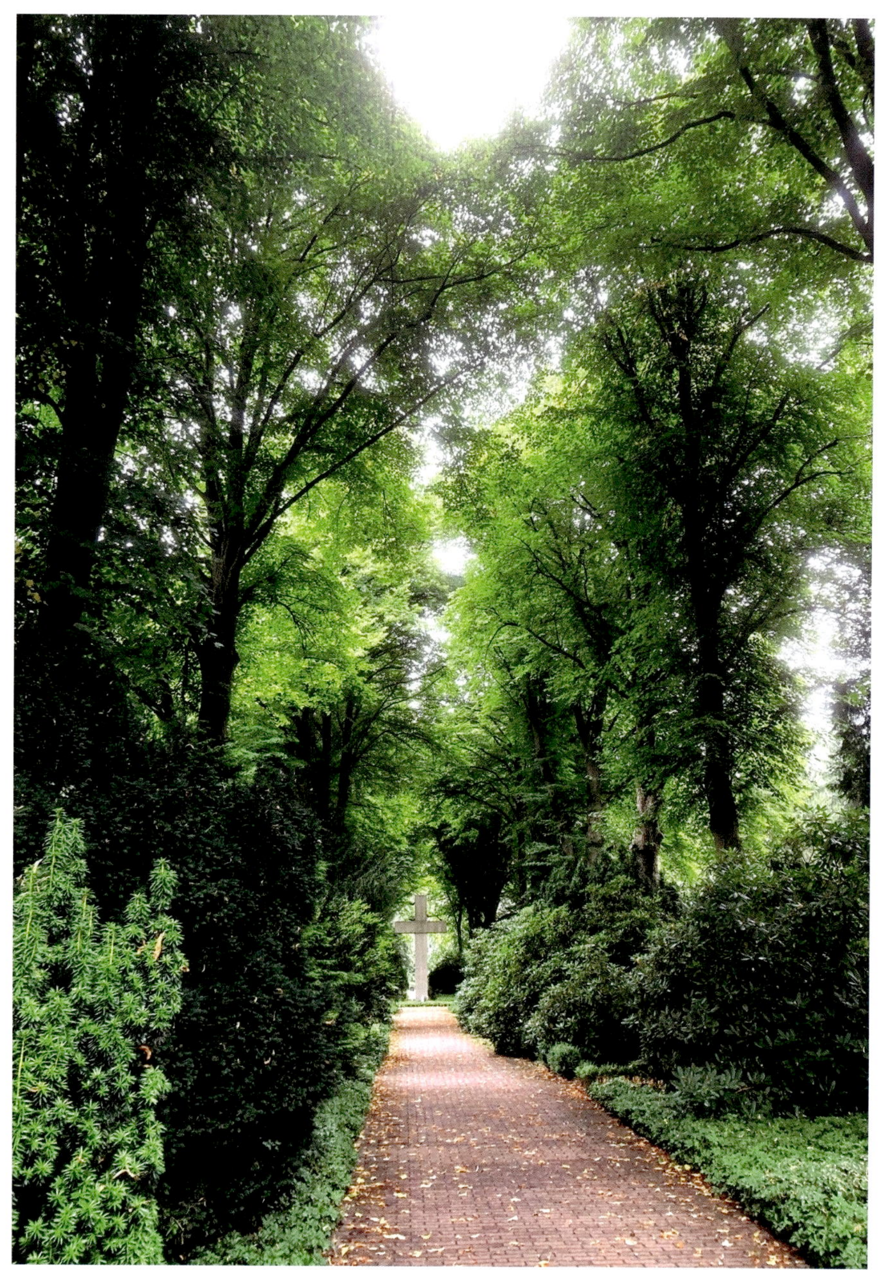

Lindenallee, Friedhof Bad Oldesloe 2023 © Holger Gerth

Die kreuzförmig angelegten, fast 100-jährigen Lindenalleen umschließen einen zentralen Kreis, der durch Winterlinden begrenzt wird. In der Mitte steht ein sieben Meter hohes Granit-Hochkreuz. Abgestimmt mit der Blütezeit und Farbigkeit der Linden wurden Japanische Nelkenkirschen im rechten Winkel zum Verlauf der Alleen-Längsachse in Reihe gesetzt. Leider wurden Grabstätten direkt neben den Baumstämmen und damit im unmittelbaren Wurzelbereich angelegt. Die Zerstörung der Wurzeln gefährdet die Stabilität der Bäume.

Die Anlage von Alleen in Kreuzform war bereits Anfang des 19. Jahrhunderts üblich. Auch auf dem Zütphen-Friedhof, 1825 eingeweiht, sind Lindenalleen in Kreuzform angelegt. Die 190 Jahre alten Linden bilden eine ca. 290 m lange Allee mit insgesamt 99 Bäumen. Die Einfassung des Friedhofs besteht ebenfalls aus alten Linden. Namensgeber des Friedhofs ist ein von Martin Luther gesandter Reformator, Heinrich von Zütphen. Er starb 1524 den Märtyrertod. Seine Richtstätte wird auf dem Friedhof vermutet.

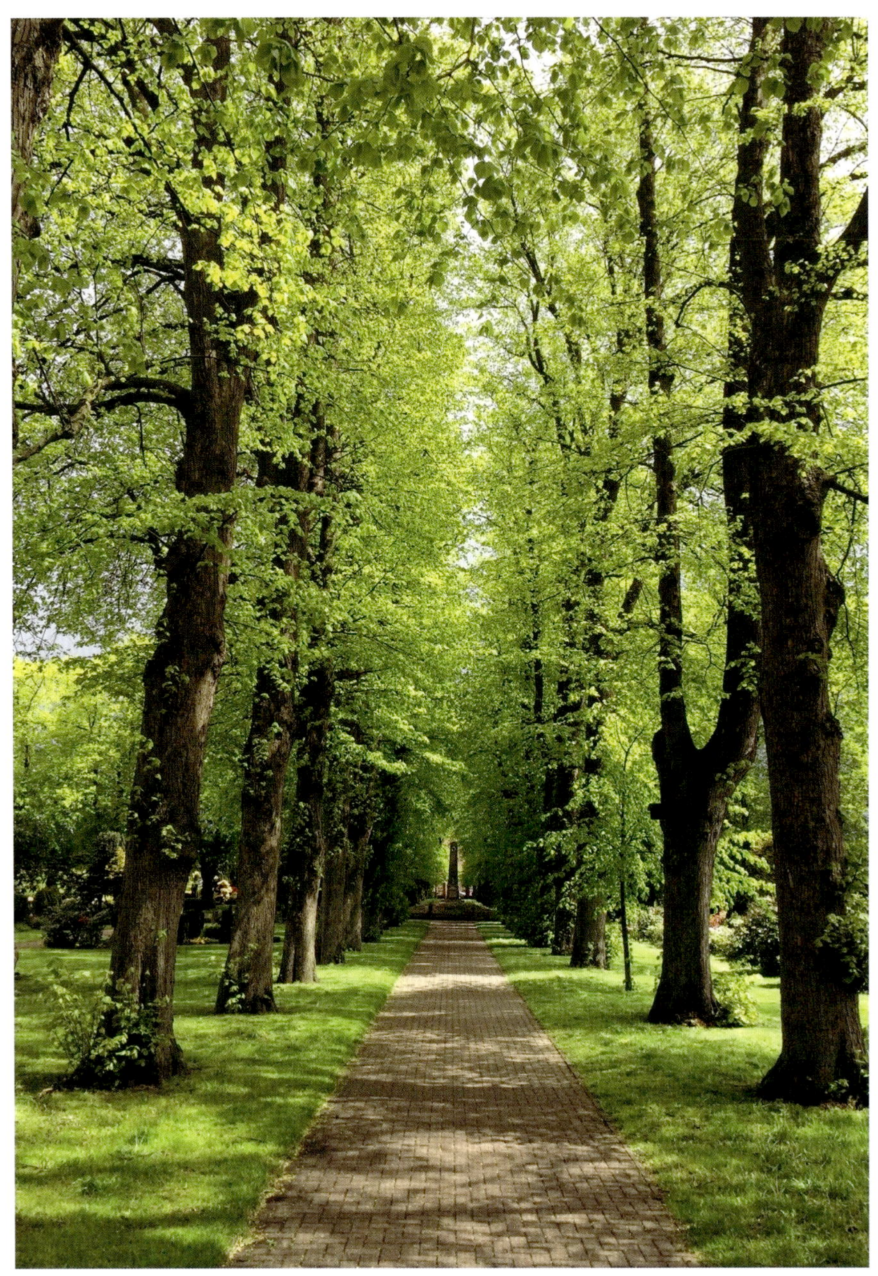

Zütphen-Friedhof Heide, zentrale Lindenallee © Ralph Kruse

Friedhofsalleen

Gedanken eines Zeitzeugen

Von Dirk Abts

Arbeitsgemeinschaft der Friedhofsbeauftragten der Nordkirche

Wenn ich einen Friedhof betrete, so ist das oft wie der Zugang in eine andere Welt. Der Lärm der Umgebung verstummt mehr und mehr und die Hektik des Alltags bleibt zurück, je weiter ich mich vom Eingang entferne und in die grüne Oase inmitten einer Stadt eintauche. Es empfängt mich ein Raum der Ruhe und Besinnung.

Friedhofsalleen tragen bei mir maßgeblich zur Erzeugung dieses Eindrucks bei. An warmen Sommertagen empfangen sie mich mit kühlendem Schatten, das Rauschen des Windes ist in den Baumwipfeln zu hören. Sie säumen das Areal, gliedern die Friedhofsquartiere und begleiten mich über das Gelände. Haben sich bei alten Alleen bereits die Zweige über dem Weg geschlossen, so vermittelt das im Sommer entstehende Blätterdach ein Gefühl von Schutz und Geborgenheit, eine Wahrnehmung, der auf Friedhöfen eine besondere Bedeutung zukommt.

Betrete ich einen Friedhof erstmals, so lasse ich mich gern von seinen Alleen leiten. Meist führen mich diese zu den besonderen Orten. Diese Objekte zeichnen sich oft schon vorher schemenhaft am Ende der Allee ab, bevor beim weiteren Beschreiten des Weges das Geäst und die Blätter den Blick auf alte Mausoleen oder prächtige Grabstätten endgültig freigeben. Untrennbar damit verbunden ist für mich auch der Gesang der Vögel im

Frühjahr. Der abendliche Ruf eines Waldkauzes oder das heisere Lachen des Grünspechts, ohne Alleen wären viele dieser Naturerlebnisse auf einem Friedhof nicht möglich.

Ich wünsche mir deshalb sehr, dass Friedhöfe künftig vermehrt als multifunktionaler Ort genutzt werden können und somit neben ihrer Zweckbestimmung als Bestattungsort viele weitere Nutzungsformen erlauben. Damit bietet sich auch die Möglichkeit zum Erhalt der vielen Friedhofsalleen als Teil unserer gewachsenen Friedhofskultur.

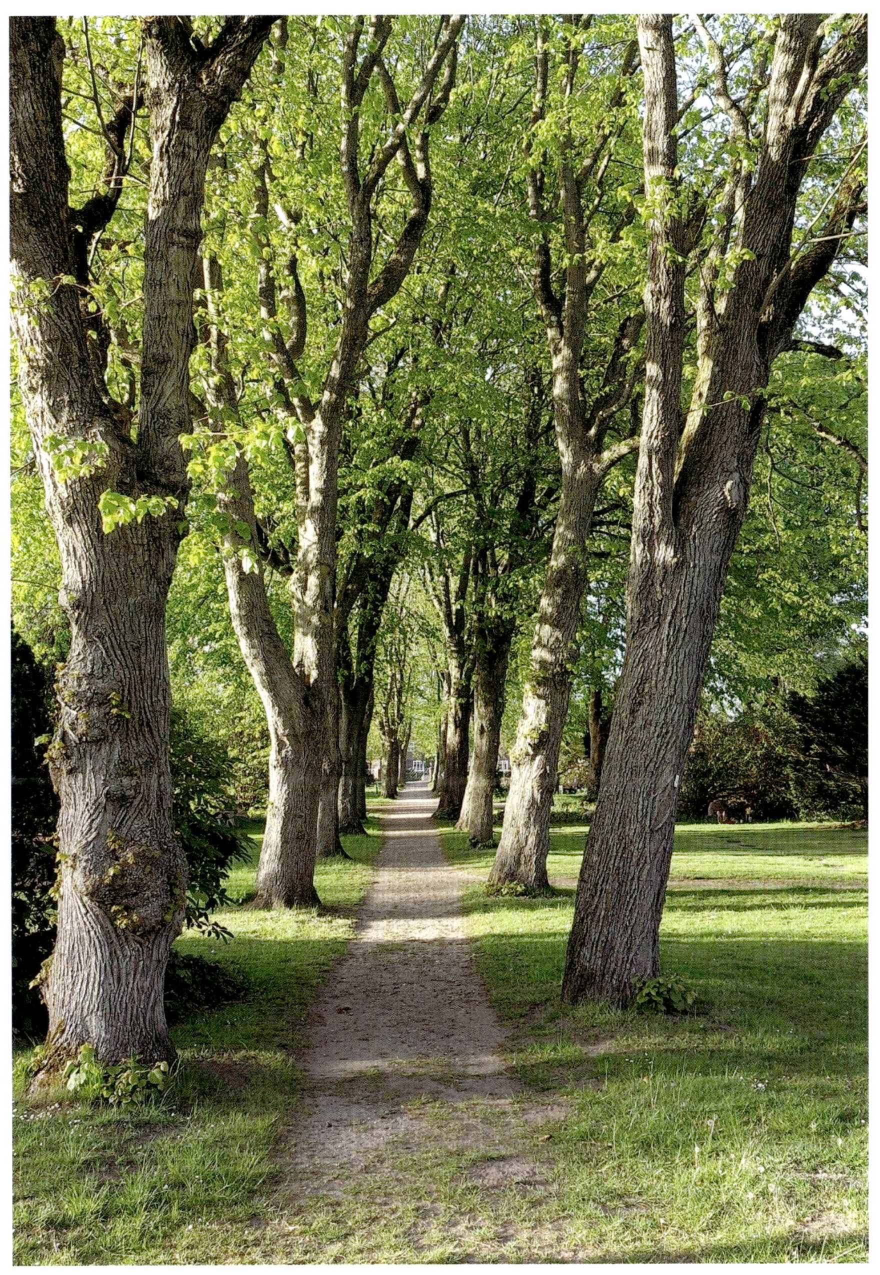

Lindenallee im Parkfriedhof Niebüll © Thomas Andresen

Die Bedeutung von Alleen für Natur und Landschaft

Alleen, egal ob groß oder klein, ob alt oder jung, haben für den Naturhaushalt und die Biodiversität viele wichtige Funktionen. Sie dienen dem Naturschutz und den Menschen gleichermaßen.

Attraktivität für die Artenvielfalt

Bäume bieten anderen Organismen einen natürlichen Lebensraum. Alleen bestehen aus vielen Bäumen und fördern damit die Biodiversität besonders stark und vielschichtig. Verschiedene Pflanzen wie beispielsweise Efeu leben eng verbunden mit den Bäumen. An den Gehölzen finden wir ebenfalls zahlreiche Pilze, Moose und Flechten. Die Kehrseite ist dabei, dass einige Pilze im Inneren der Bäume Schäden anrichten und die Bäume dadurch absterben können. Ein Beispiel dazu ist der Brandkrustenpilz, der Linden nachhaltig schädigen und zum Absterben bringen kann.

Auch eine vielfältige Tierwelt ist auf Bäume als Brut-, Nahrungs- oder Überwinterungslebensraum angewiesen, wobei alte Baumbestände ein ganz besonderes Biotop bilden. Viele Vögel finden dort nicht nur Nahrung in Form von Insekten, sondern suchen zugleich Raum und Schutz für ihre Brutgelege. Beispielsweise sind Kleiber und Meisen auf Höhlen

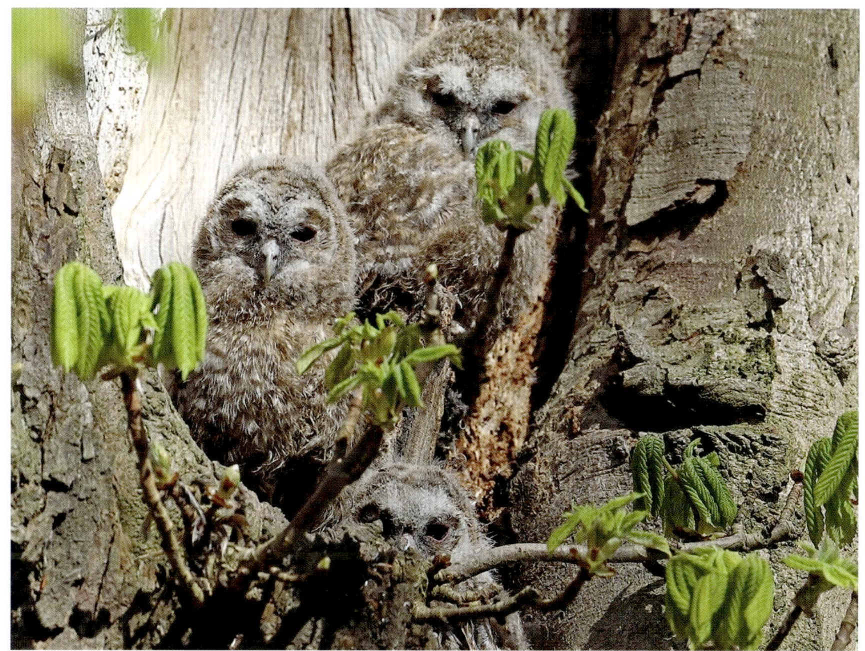

Junge **Waldkäuze** blicken aus ihrer Bruthöhle in einer alten Kastanie
© Dirk Schnieder

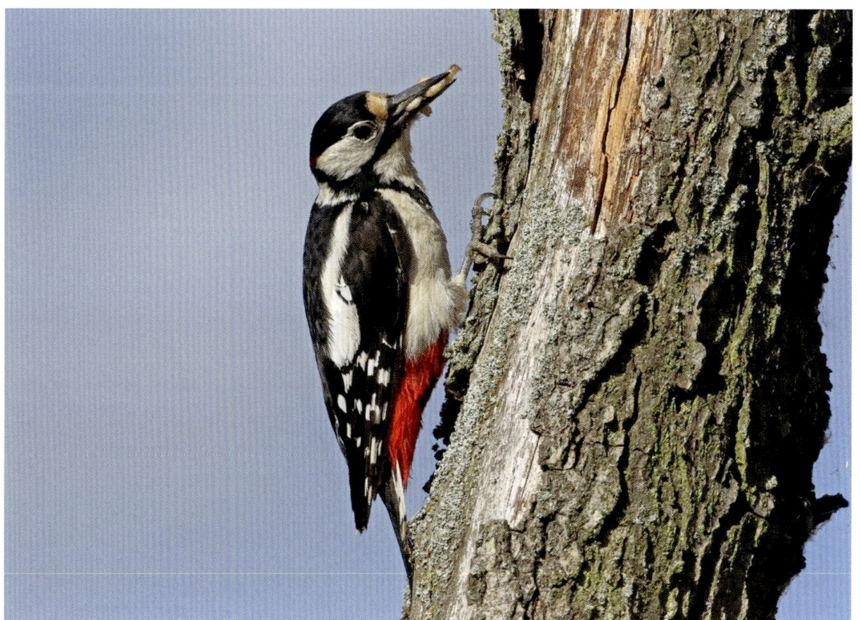

Buntspecht an einem abgestorbenen Ast auf Nahrungssuche. Sofern es mit der Verkehrssicherung vereinbar ist, sollte Totholz möglichst lange erhalten bleiben
© Dirk Schnieder

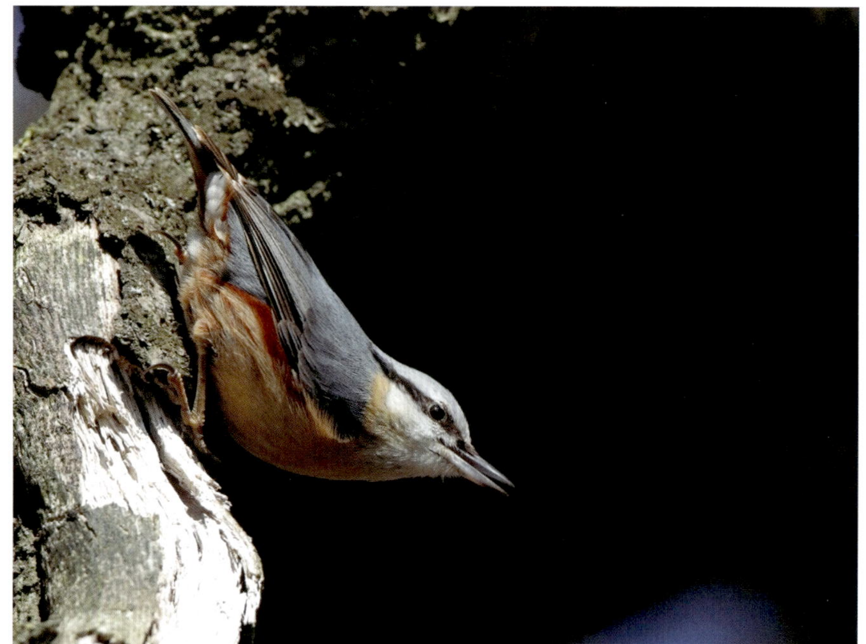

Kleiber suchen gerne alte Alleebäume nach Nahrung ab, wobei sie sogar kopfüber geschickt klettern können
© Dirk Schnieder

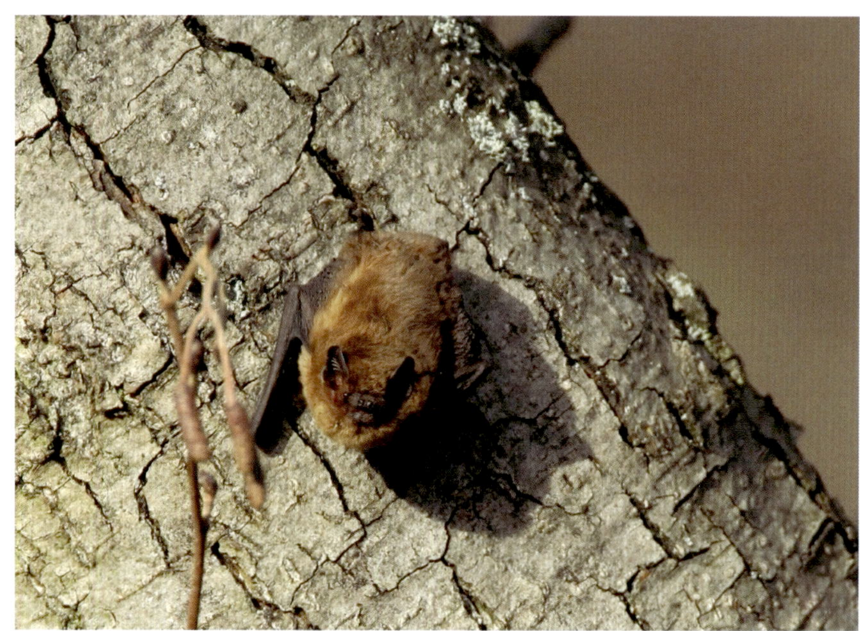

Alleen sind beliebte Jagdgebiete für Fledermäuse. Außerdem nutzen sie, wie hier eine **Rauhautfledermaus**, gerne Baumhöhlen, Stammaufrisse oder auch abstehende Borke als Tagesquartiere
© Dirk Schnieder

in alten Bäumen angewiesen, die oft Spechte als Baumeister geschaffen haben. Neben dem Waldkauz leben zahlreiche Singvögel in den Baumkronen der Alleen. Krähen bilden gern Kolonien in alten Baumbeständen, was von benachbarten Menschen oft nicht gern gesehen wird.

Historische Alleen mit alten höhlenreichen Bäumen sind besonders wertvoll für Fledermäuse als Brutstätten. Daher sind Baumbestände mit Sommerquartieren, in denen Fledermäuse ihre Jungen gebären, gesetzlich geschützt und dürfen nicht gefällt werden. Innerhalb der Alleen und auch auf benachbarten Feldern und Gärten jagen Fledermäuse bevorzugt nach Insekten wie Käfern und Nachtfaltern. In warmen, sommerlichen Abendstunden können sie gut beobachtet werden.

Eine Linde kann beispielsweise bis zu 60 000 Blüten tragen und damit Insekten reichlich Nahrung bieten. Hiervon profitieren insbesondere Bienen und Hummeln in Alleen mit vielen Bäumen. Neben Lindenalleen stellen alte Obstbaumalleen eine sehr gute Nahrungsquelle im Frühjahr dar, von der viele Insekten profitieren. Im späten Frühjahr summt es auch in Kastanien- und Robinienalleen besonders laut. Sobald im Sommer bei hohen Temperaturen die Blattläuse die Lindenblätter erobern und durch deren Ausscheidungen die Umgebung unter den Bäumen klebrig wird, finden Honigbienen in der Tautracht viel Nahrung, die dem Imker den besonderen dunklen Waldhonig beschert.

Dieses sind nur einige wenige Beispiele für biologische Funktionen von Alleen, die u.a. auch als Korridorbiotope wirken. Diese Verbindungen, die Alleen schaffen, ermöglichen es den Tieren, von einem Lebensraum zum nächsten zu kommen.

Die Raumfunktionen

Viele alte Alleen sind von beachtlicher Höhe und bilden mit einem begleitenden Knickbewuchs entlang der Straßen und Wege ein dichtes Laubgeflecht, das als Windschutz wirkt und die Windgeschwindigkeit bis zu 50 % reduzieren kann. Besonders bei starken Westwinden lässt sich dieser Effekt auf der Leeseite spüren.

An sonnigen Tagen verdunstet eine alte Linde bis zu 400 l Wasser pro Tag und erhöht damit die relative Luftfeuchte in ihrer Umgebung deutlich. Dieser Effekt führt zu einer Absenkung der Lufttemperatur um rund zwei Grad unter den Bäumen und in der Allee. Die Wirkungen von Verdunstung und Abkühlung sind im Sommer in einer Allee sehr gut zu fühlen. Die Namensgleichheit mit dem Begründer der Kältetechnik, Carl von Linde, ist dabei eher Zufall.

Das Laubwerk einer Allee ist mit einem Staubfilter vergleichbar und wirkt sich reinigend für die Luft aus. Durch Verwirbelung wird die Luft zudem frischer und sauberer. An heißen Sommertagen ist es deshalb innerhalb einer Allee neben der Schattenwirkung deutlich kühler und erfrischender.

Neben den rein physikalischen Funktionen haben Stoffumsetzungen der Bäume einer Allee mittels Atmung und Assimilation eine sehr wichtige Aufgabe. Eine alte Linde beispielsweise bildet ein Blattwerk aus bis zu 800 000 Blättern mit einer riesigen Assimilationsfläche. Über diese Fläche wird Kohlendioxid (CO_2), das Menschen und Tiere ausatmen, aus der

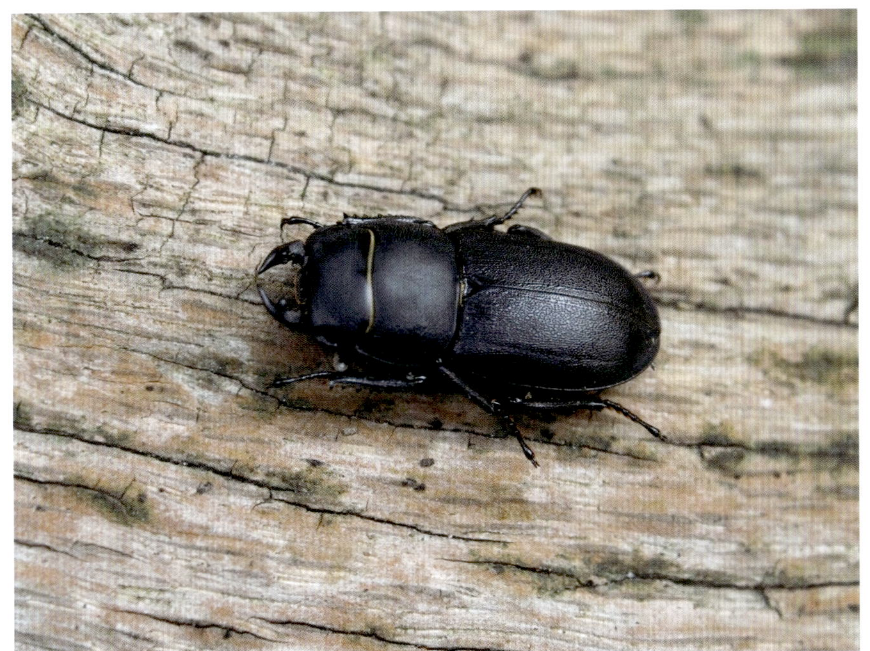

Der **Balkenschröter**, auch Zwerghirschkäfer genannt, ist ein großer, kräftiger Käfer, dessen Larven in altem Holz leben
© Fritz Heydemann

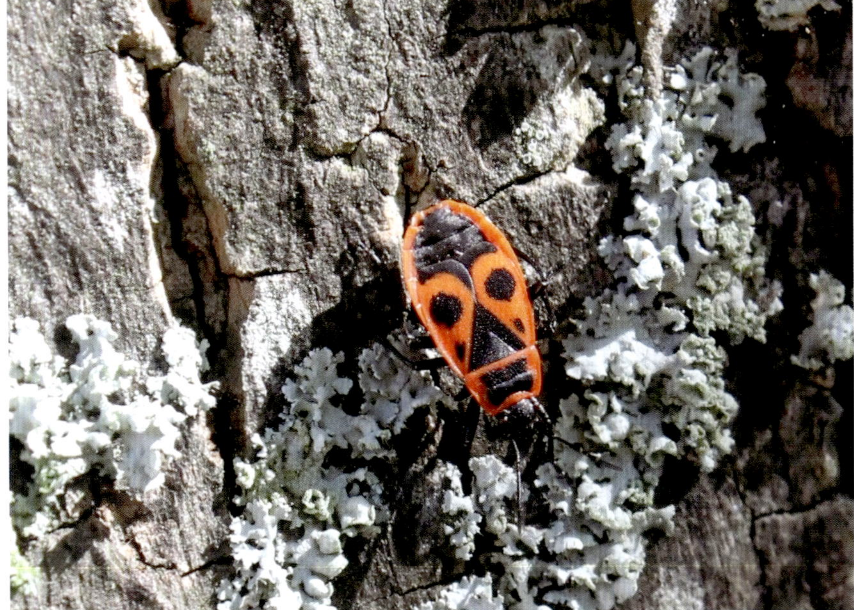

An den meisten Lindenalleen sind die auffälligen **Feuerwanzen** zu finden. Sie saugen an Lindenfrüchten und toten Insekten
© Fritz Heydemann

Luft aufgenommen, für das Zellwachstum verwertet und Sauerstoff (O_2) wieder ausgeschieden. Sauerstoff ist das Lebenselixier für uns Menschen und für die gesamte Fauna. Hochgerechnet kann eine alte Linde mit ihrer Sauerstoffproduktion während der Vegetationszeit ca. zehn Menschen eine Lebensgrundlage bieten.

Alleen zur Entspannung

Alleen bringen den Menschen, die unter ihnen verweilen, ein besonderes Gefühl der Entspannung. Diese Erfahrung ist auch aus Wäldern bekannt und hängt mit dem grünen Farbton zusammen. Grünschatten in differenzierten Grüntönen, die aufgelockert und lichtdurchlassend sind, wirken auf Personen beruhigend und entspannend. Die seelische Auflockerung dient zugleich der Erholung.

Die Raumbildung einer alten Allee hat zudem den Charakter einer Kathedrale mit den damit verbundenen Empfindungen der Geborgenheit. So jedenfalls berichten Menschen, die eine Allee im Sommer auf sich einwirken lassen. Das Raumerlebnis, verbunden mit dem Naturerlebnis, ist für sie erfrischend für Geist und Seele.

Aus diesem Erleben entwickeln Alleen eine besondere Anziehungskraft. Diese wirkt nicht nur auf Anlieger und die einheimische Bevölkerung, sondern gleichermaßen auf Touristen aus nah und fern.

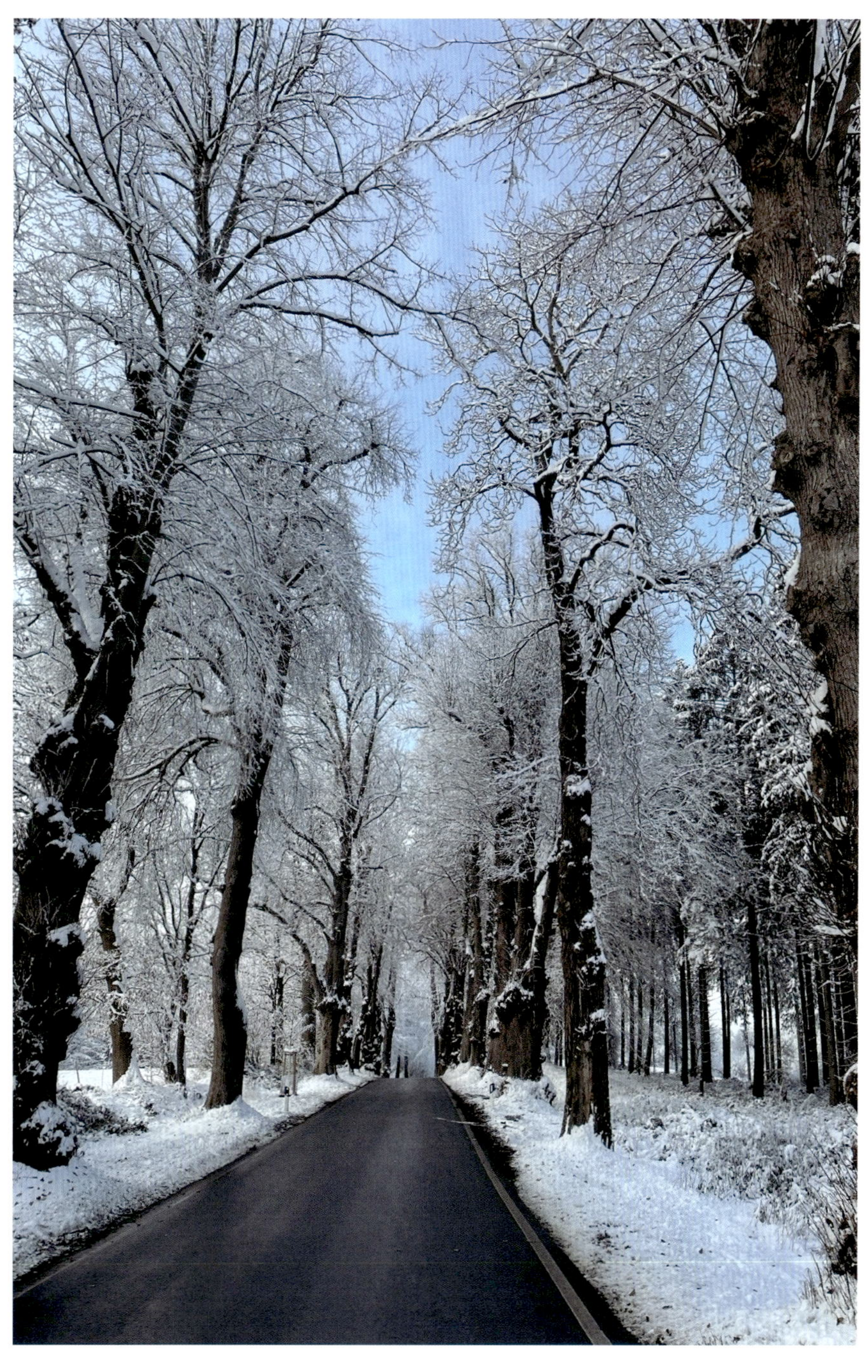

Emkendorfer Allee
© Dagmar Andresen

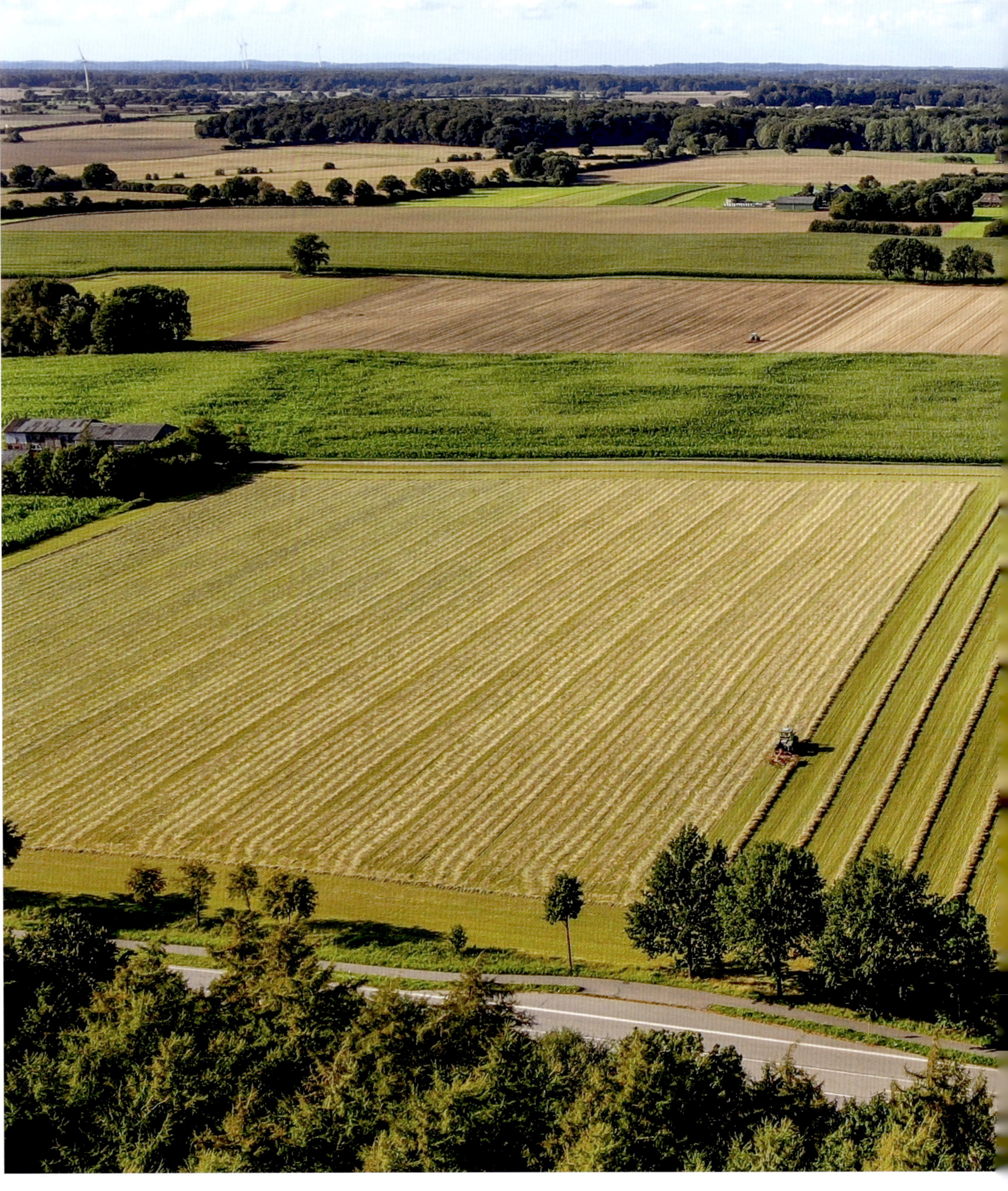

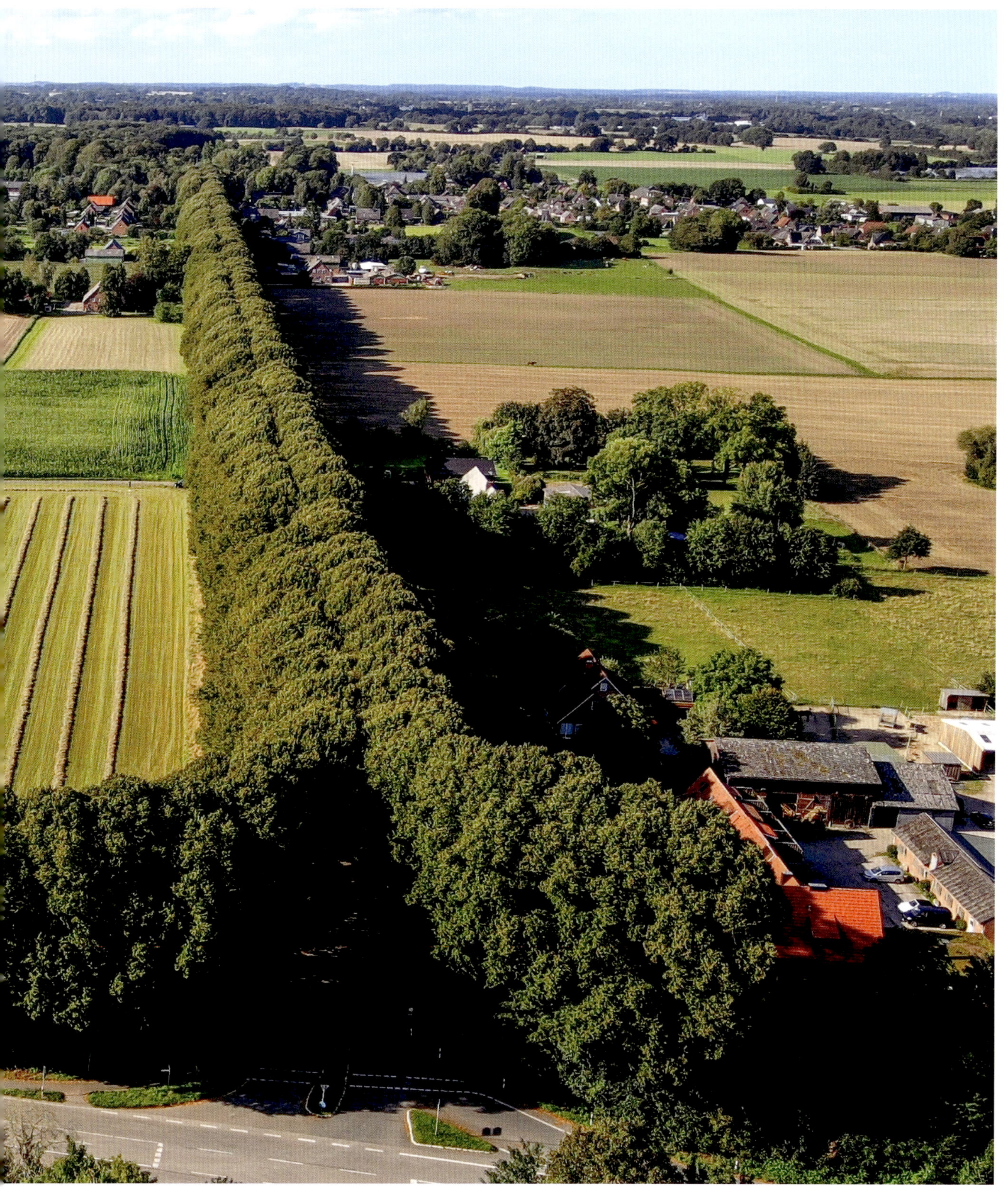

Lindenallee Schönböken © Heino Müller

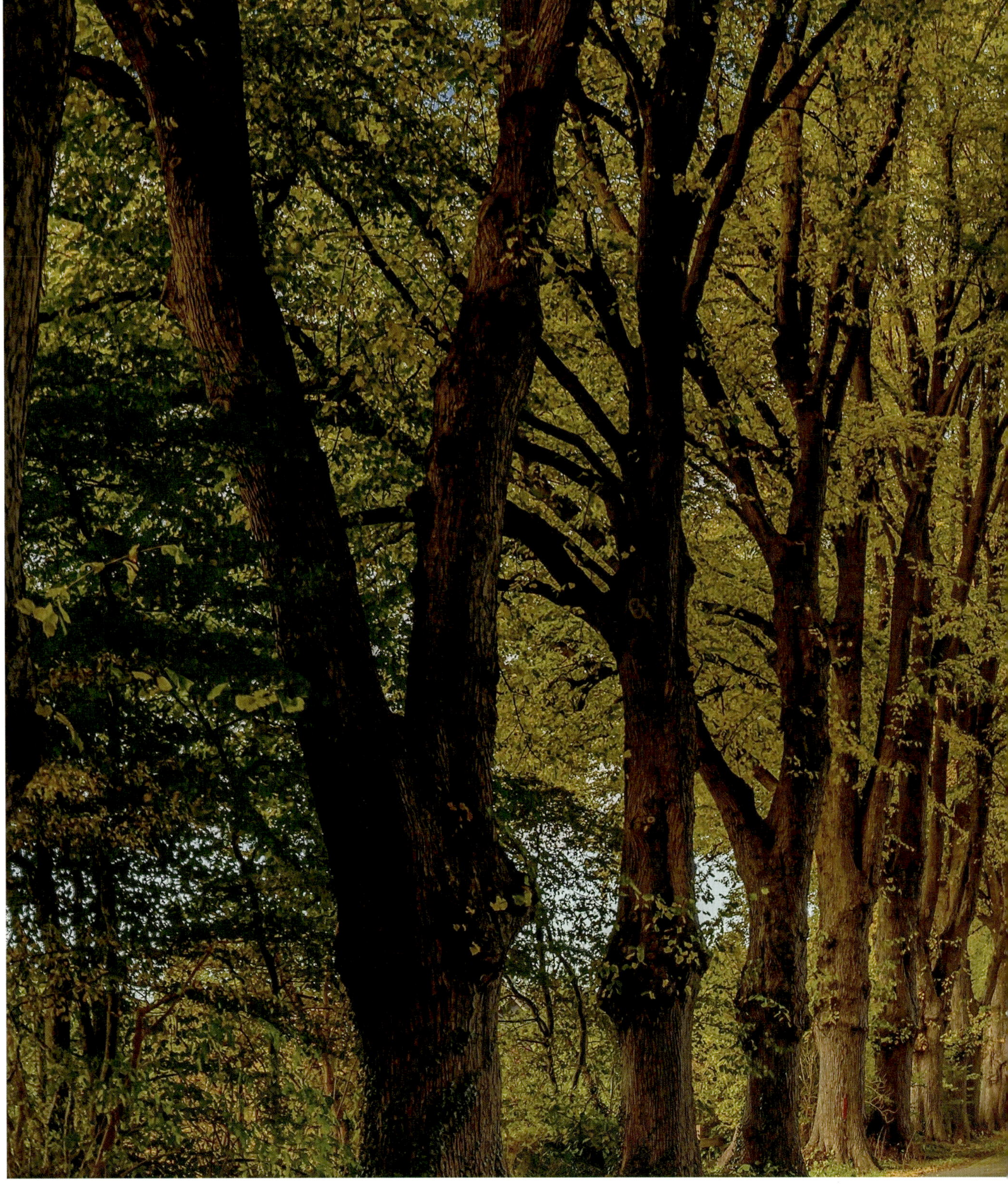

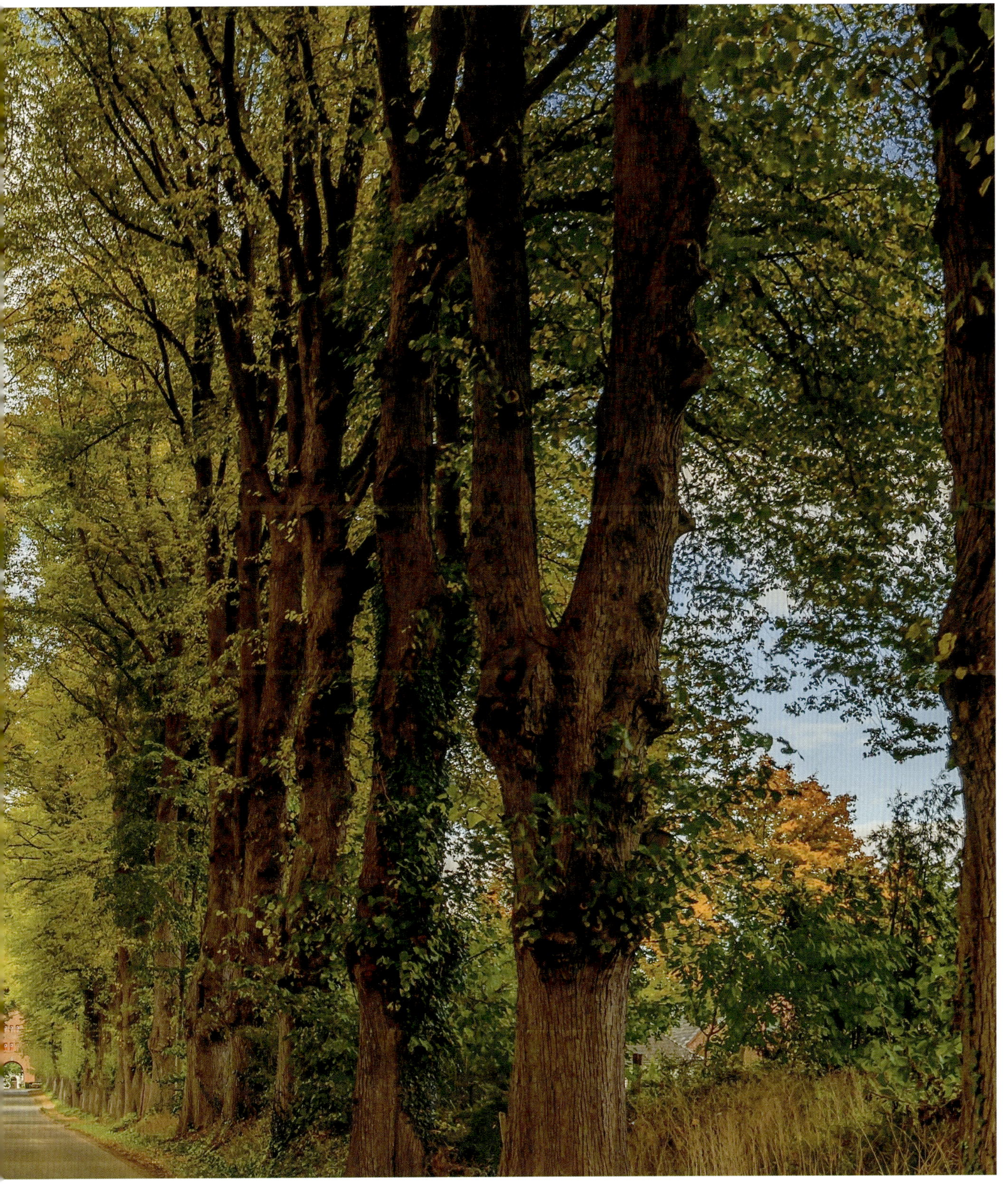

Lindenallee Schönböken

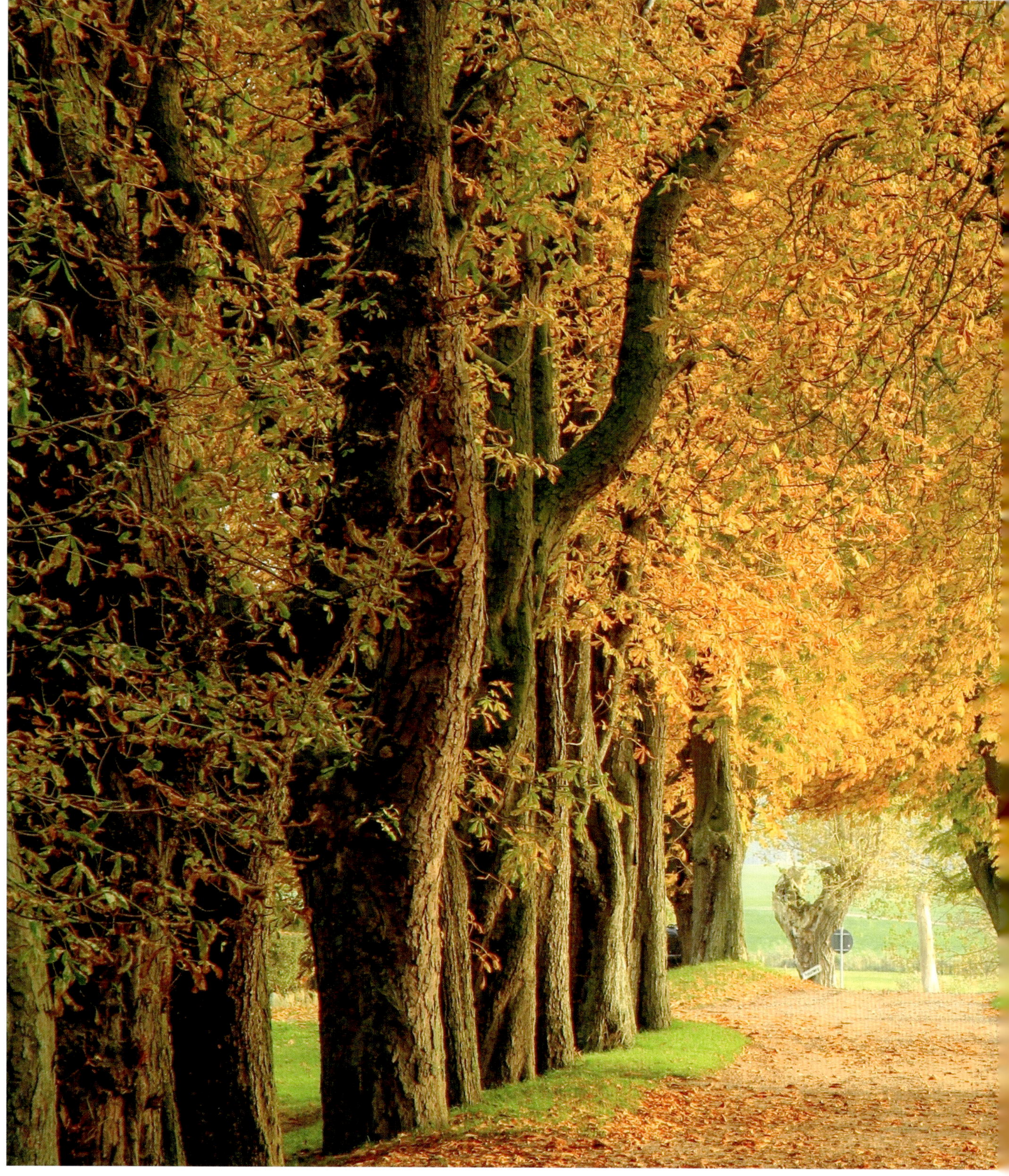

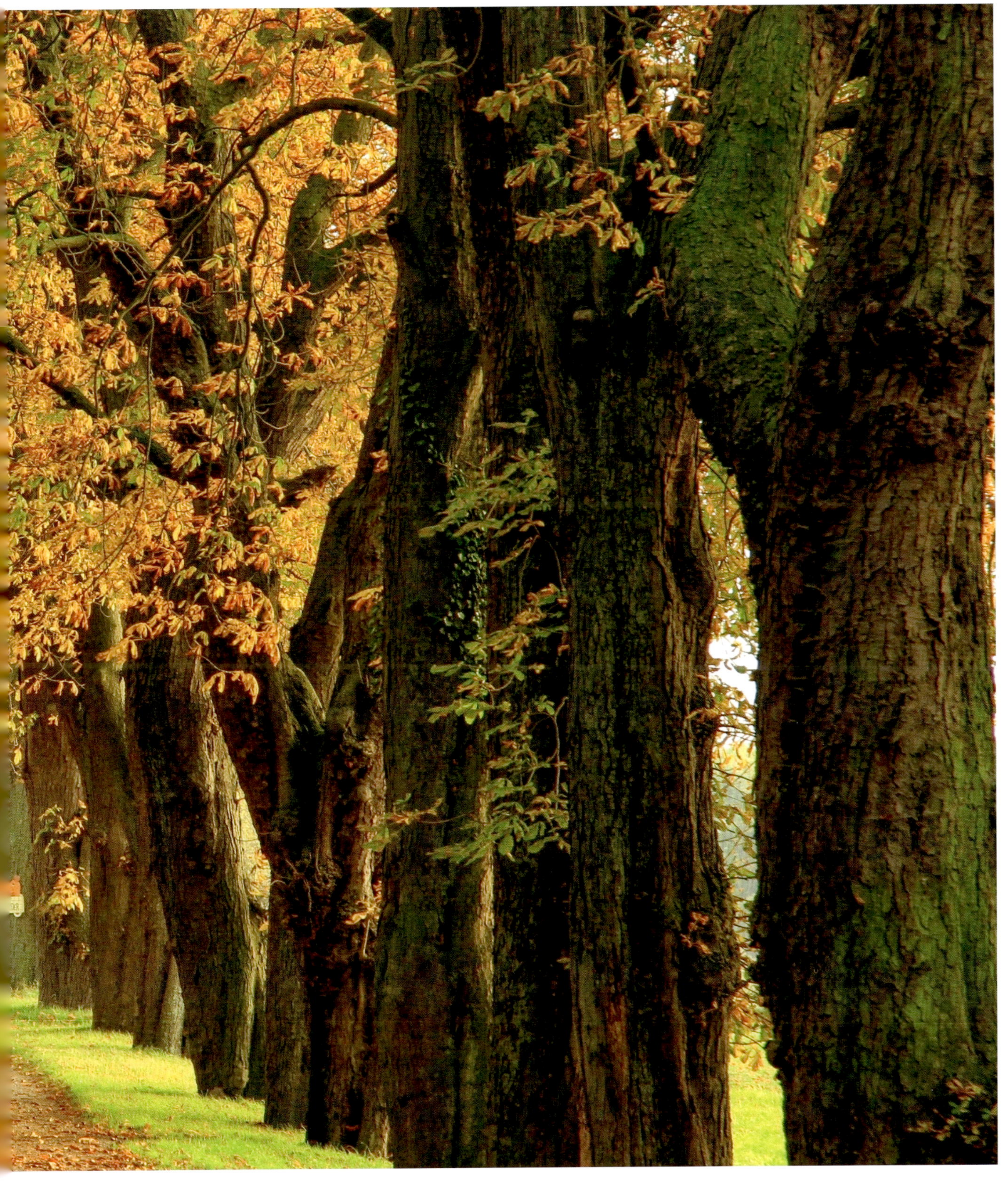

Schmidt-Rottluff-Allee in Sierksdorf

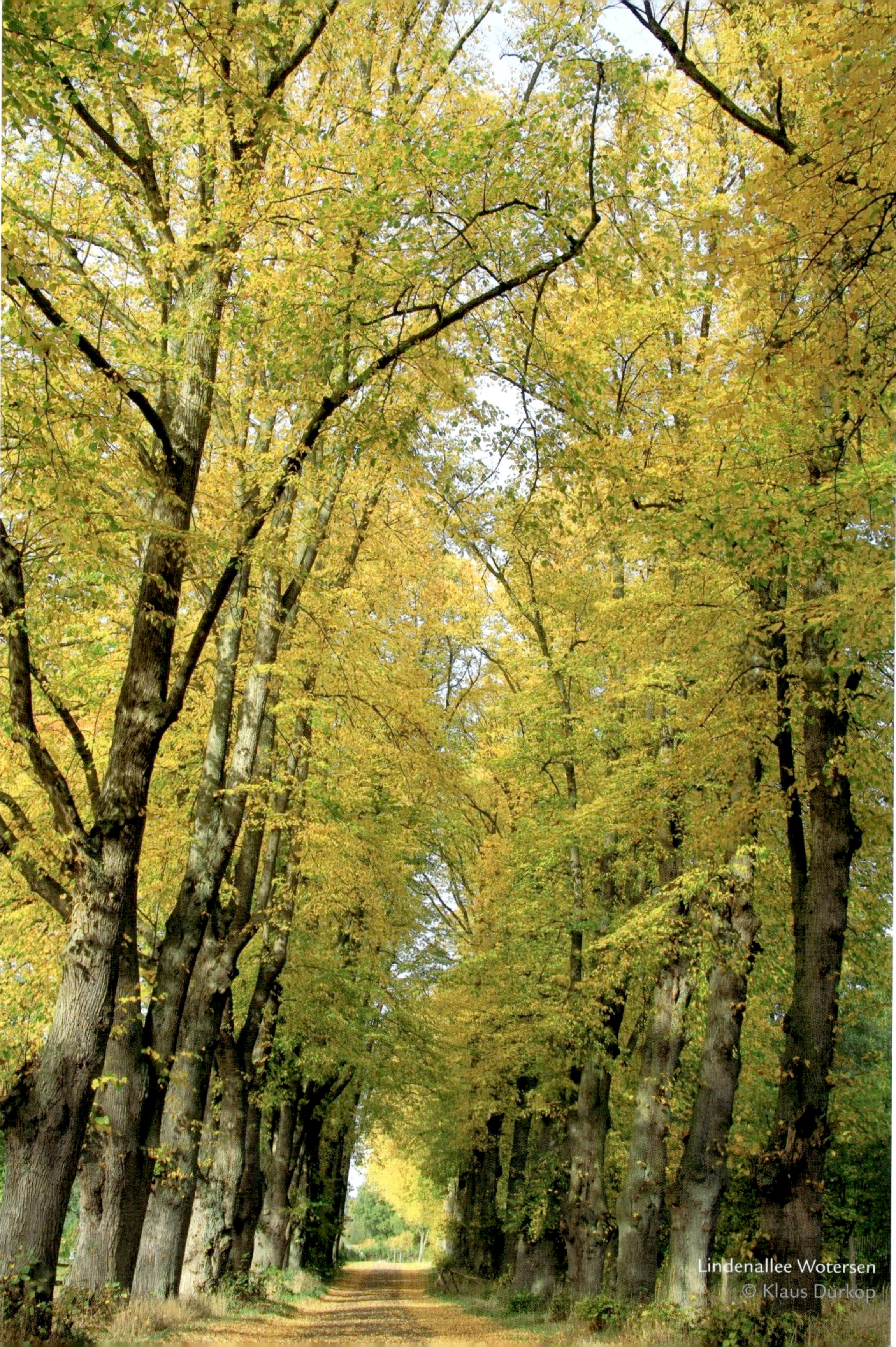

Lindenallee Wotersen
© Klaus Dürkop

Zukunft unserer Alleen in Schleswig-Holstein

Gefährdungen

Unsere Alleen sind in starker Bedrängnis. Geringer Wurzelraum, starke Bodenverdichtung, Streusalzbelastungen, starke Eingriffe in die Kronen aufgrund von Verkehrssicherungsmaßnahmen sind Bedingungen, mit denen die Alleebäume zu kämpfen haben.

Oft werden ganze Alleen oder große Teile zugunsten von Straßen- oder Radwegeausbau gefällt.

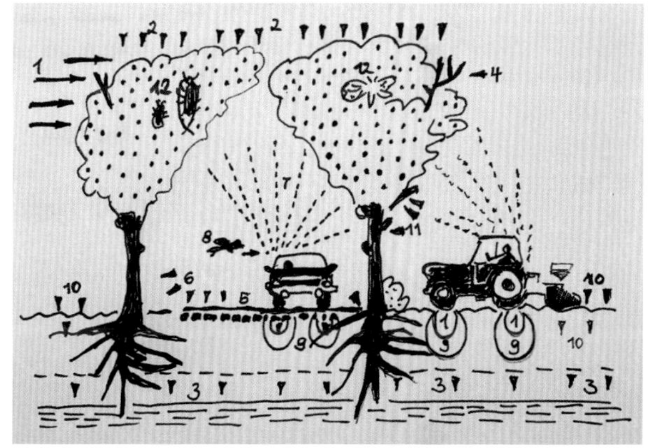

Allgemeine Einwirkungen auf Alleen aus [4]
1 Winddruck, Windschur; 2 »saurer Regen«; 3 allgemeine Grundwasserabsenkung; 4 Vergreisung (»Zopftrocken«); 5 Schwarzdecke auf ehemaliger Pflasterung, überteerte Wurzelhälse; 6 Streusalz, Reifenabrieb, mechanische Schäden; 7 Abgase; 8 Vogelschlag; 9 Bodenverdichtung, Wurzeldruck; 10 Chemieeintrag (Pflanzenschutz, Düngung); 11 unsachgemäße Baumpflege; 12 Schädlingsbefall, Überalterung (Borken-, Bockkäfer u. a., Laubholzwickler, Holzbohrer, Schild- und Miniermotten, Zünsler u. a. Wirbellose, Baumpilze).

Alleenerhalt und neue Alleen

Nach- oder Neupflanzungen gestalten sich oft aufgrund der Einhaltung verkehrsrechtlicher Vorgaben schwierig. Dennoch gibt es Hoffnung: Bisherige Initiativen und Erfah-

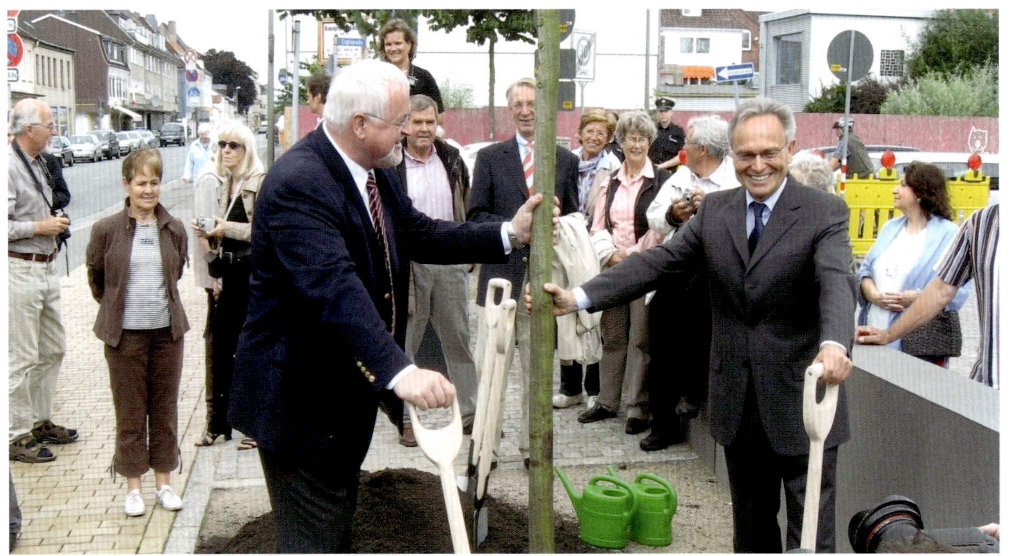

Lückenschließung in der Allee an der Chaussee Altona-Kiel in Neumünster zum Schleswig-Holstein-Tag 2008 mit dem damaligen Ministerpräsidenten Peter Harry Carstensen und Günther Fielmann © SHHB

rungen mit Alleen in Schleswig-Holstein zeigen, dass es mit viel Aufwand und unter Einbeziehung aller Betroffenen möglich ist, Alleen

- durch Nachpflanzungen zu vervollständigen,
- fachgerecht zu pflegen,
- fachgerecht zu sanieren und
- auch neue Alleen zu pflanzen.

Ein gutes Beispiel ist die Allee an der Chaussee Altona-Kiel. Diese ca. 91 km lange erste Kunststraße Schleswig-Holsteins wurde einschließlich der Allee 1834 fertiggestellt. Einige Teilabschnitte der Chaussee wurden unter Denkmalschutz gestellt. In Abschnitten gehört auch die Allee dazu. Heute ist die Allee nicht mehr durchgängig als Begleitpflanzung der Chaussee erhalten. Der SHHB hat es sich zur Aufgabe gemacht, den Alleecharakter

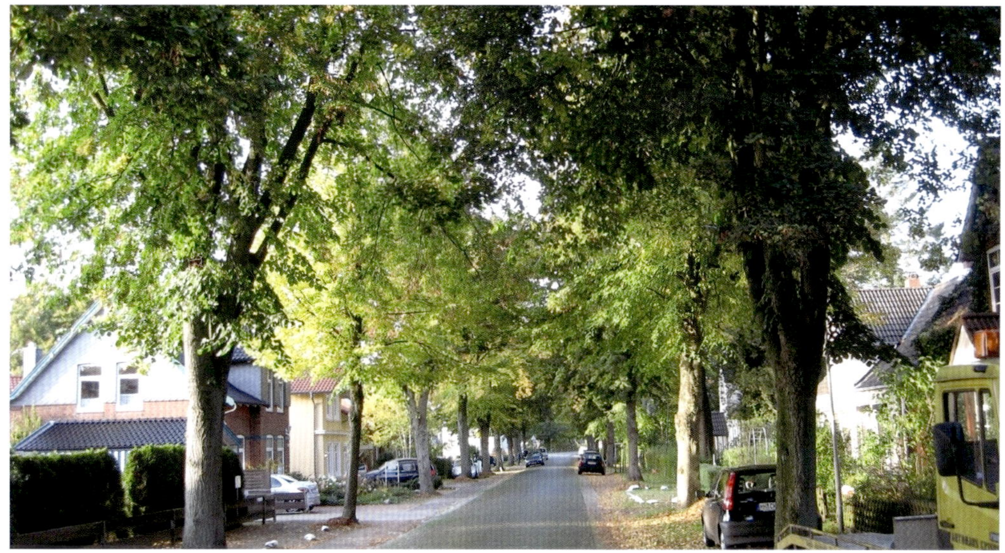

Chaussee Altona-Kiel in Bad Bramstedt © Sönke Wurr †

entlang der Chaussee wieder sichtbar zu machen. Bis jetzt wurden dafür ungefähr 1200 Bäume unter Beteiligung des Ehrenamtes und des Landesbetriebs Straßenbau und Verkehr neu gepflanzt [A].

Auch der kulturhistorische Hintergrund der Chaussee ist sehr gut erforscht. Neben den Chaussee-Häusern sind ebenfalls viele Markierungen wie Nummern-, Prell-, Hektometer- und Meilensteine sowie Obelisken und Pflasterungen erhalten geblieben [2, A]. Die anliegenden Gemeinden identifizieren sich über die Verankerung der Geschichte der Chaussee und Schönheit der Allee mit diesem wunderbaren Kulturgut.

In dem umfassenden DBU-Projekt »Historische Alleen in Schleswig-Holstein: geschützte Biotope und grüne Kulturdenkmale« werden sechs unterschiedliche Alleen untersucht. Es findet eine ökologische, kulturhistorische und baumbiologische Bewertung statt. Im Ergebnis zeigt sich der

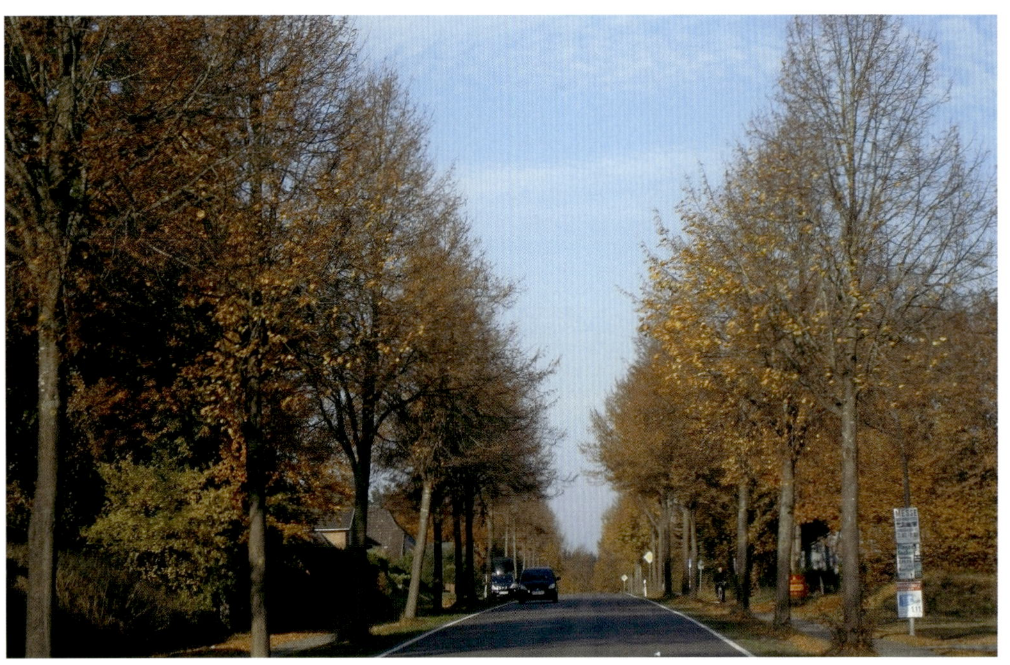

Chausseee Altona-Kiel in Bordesholm © Heinrich Kautzky †

sehr hohe naturschutzfachliche Wert alter Alleen sowohl als einzigartiger Lebensraum als auch in der Form linearer Biotopverbundelemente als Bestandteil des Biotopverbundsystems. Es wurden wichtige naturschutz- und denkmalgerechte Lösungsmöglichkeiten für den praktischen Umgang mit Alleen entwickelt. Für den Erhalt der Alleen ist eine fachgerechte kontinuierliche Pflege entsprechend der Zusätzlichen Technischen Vertragsbedingungen und Richtlinien für Baumpflege (ZTV) wichtig, vor allen Dingen im Rahmen der Verkehrssicherheit. Findet eine nicht fachgerechte und/oder Pflege in langen Intervallen statt, dann stellt das einen erheblichen Eingriff dar, der den Bäumen in der Regel großen Schaden zufügt. [6]

Ein weiteres Beispiel einer abgeschlossenen Sanierung ist die barocke,

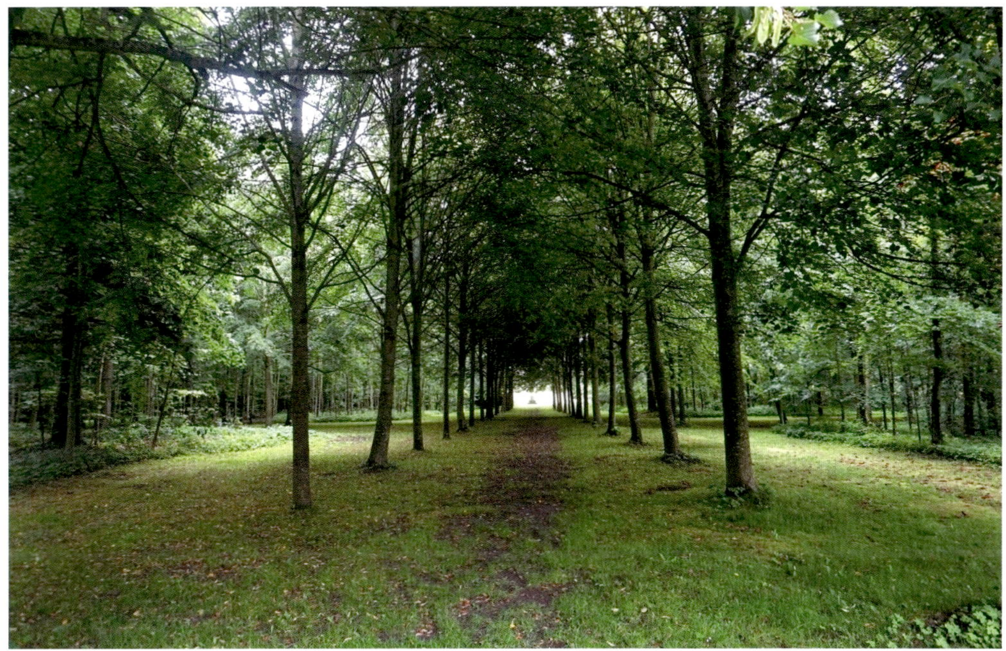

Lindenallee Gut Petersdorf 2023 © Holger Gerth

300 Jahre alte und ca. 700 m lange Lindendoppelallee auf Gut Seestermühe (gefördert durch »BINGO! Die Umweltlotterie«). Sie ist Teil eines Barockgartens, der in seiner Grundstruktur bis heute erhalten geblieben ist. Die gesamte Gutsanlage steht unter Denkmalschutz.

Es wurden aufwendige Baumpflege- und Sanierungsmaßnahmen an den alten Bäumen durchgeführt. Ein Teil der Bäume musste durch Neupflanzungen ersetzt werden.

Die sehr gute Zusammenarbeit aller betroffenen Akteure von Denkmal- und Naturschutz sowie der Eigentümer, der Gemeinde und Förderer in Form eines runden Tisches hat zum Erhalt dieser einzigartigen Allee geführt. [3, G]

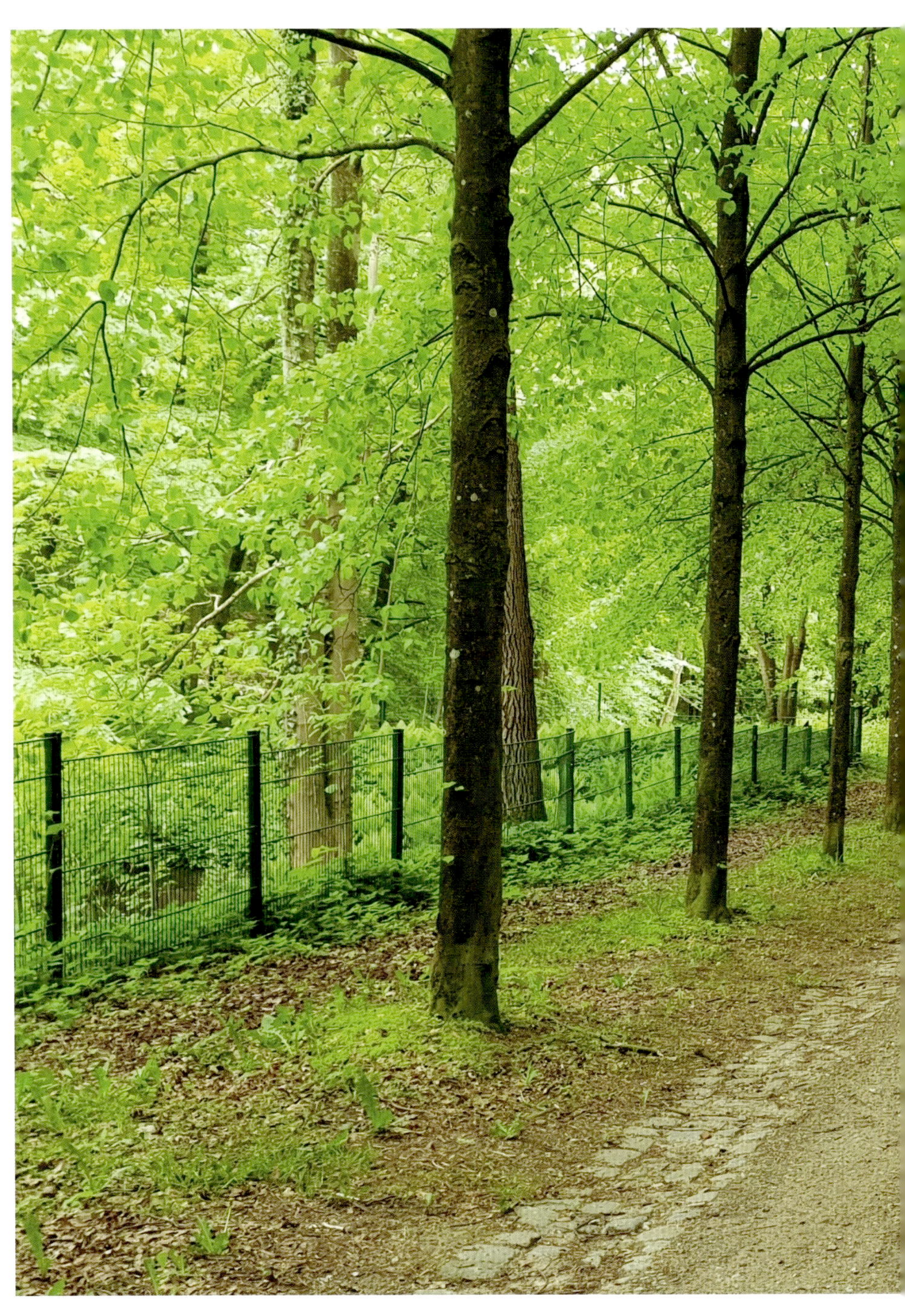

Königsallee aus Linden im Schlossgarten Gottorf

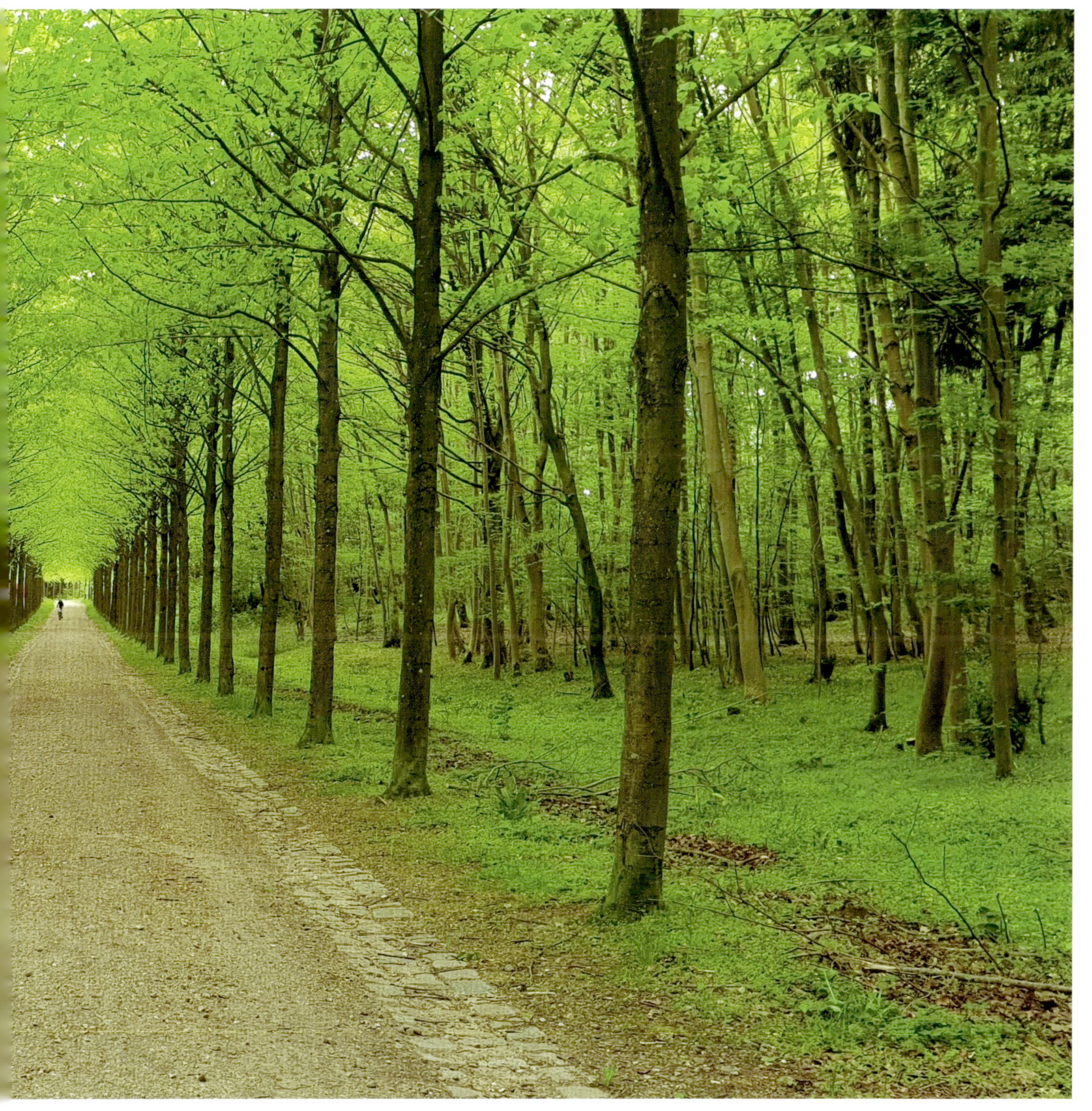

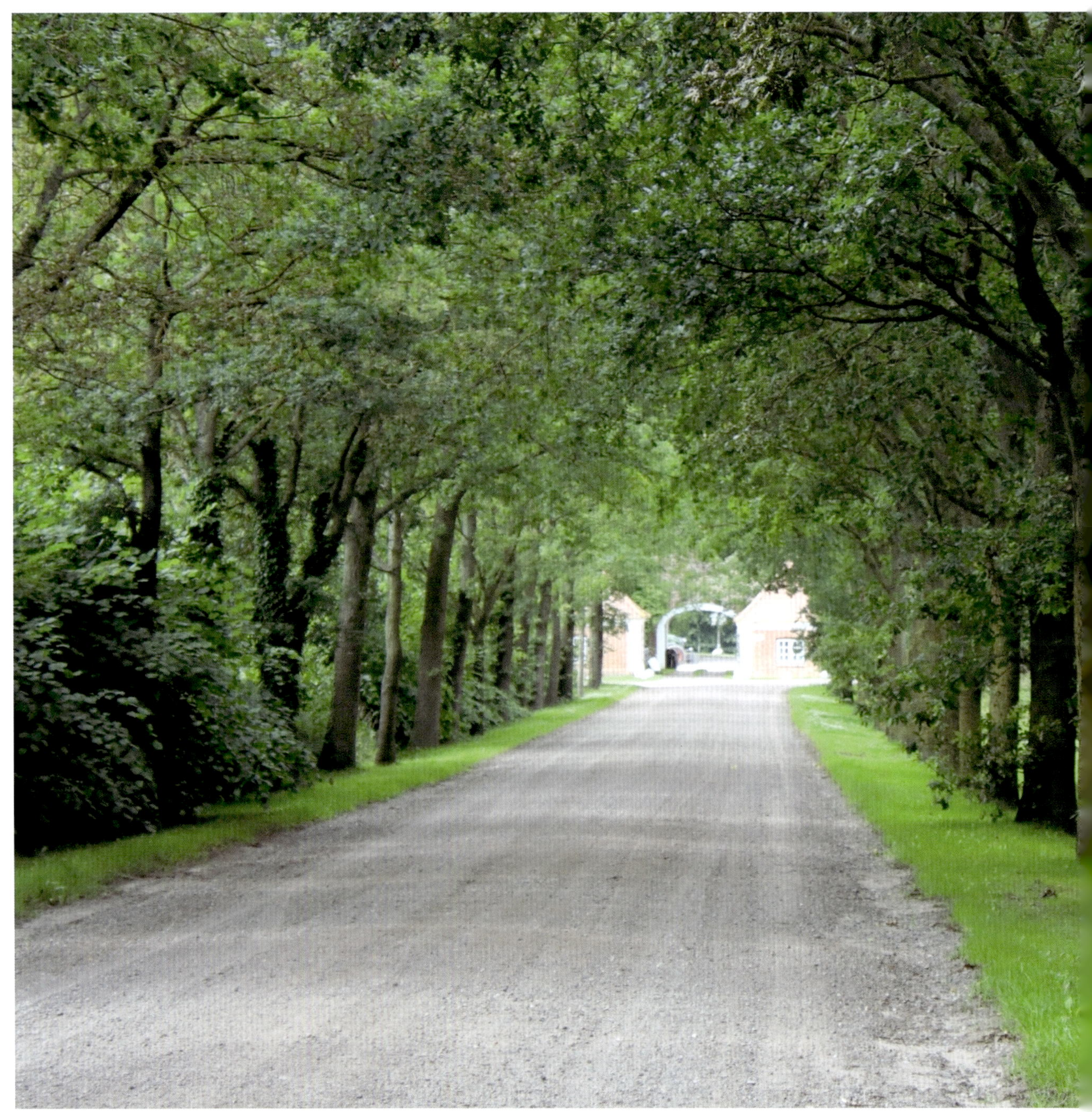

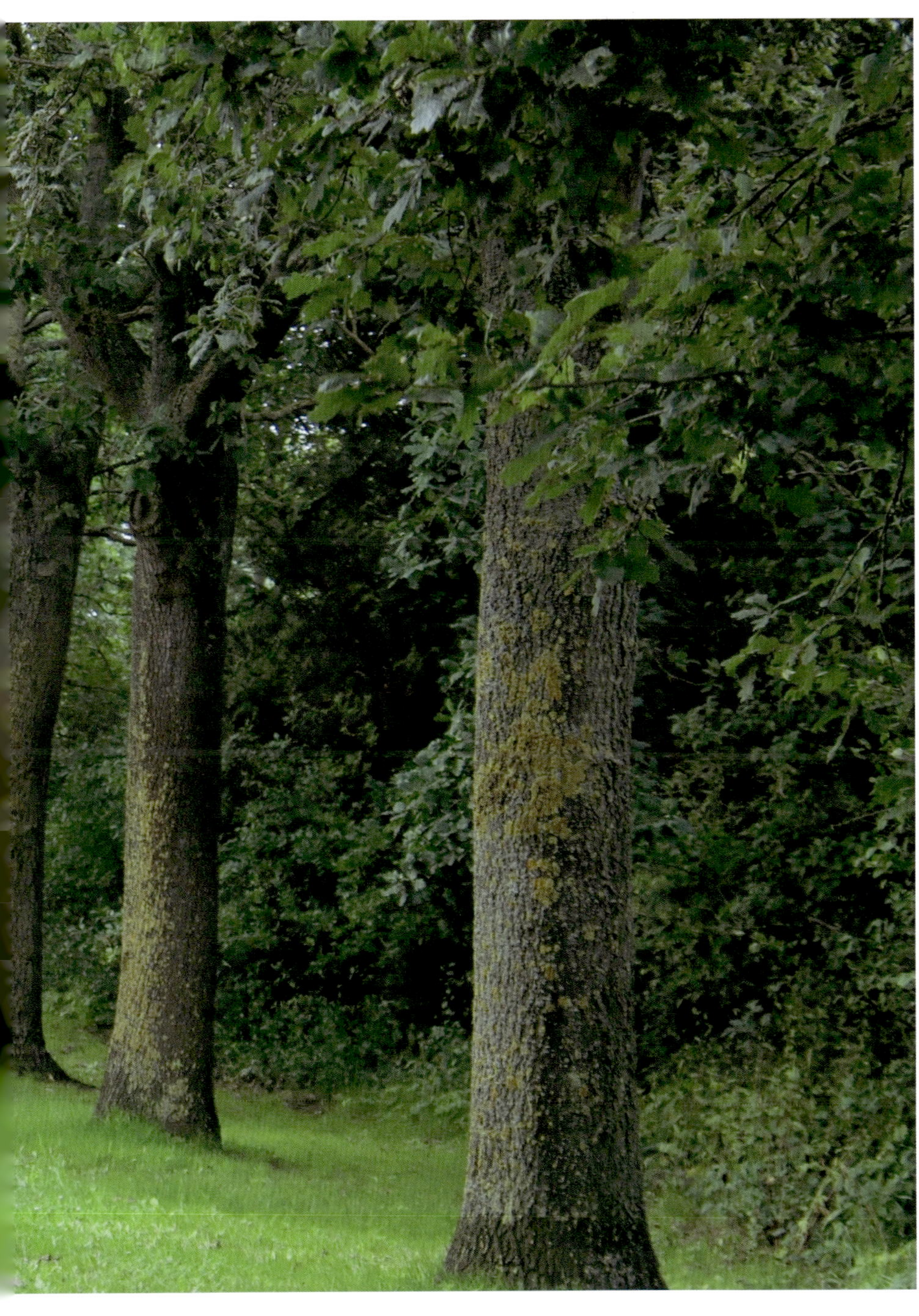

Replantierte Eichenallee,
Zufahrt Gut Schmoel
© Dagmar Andresen

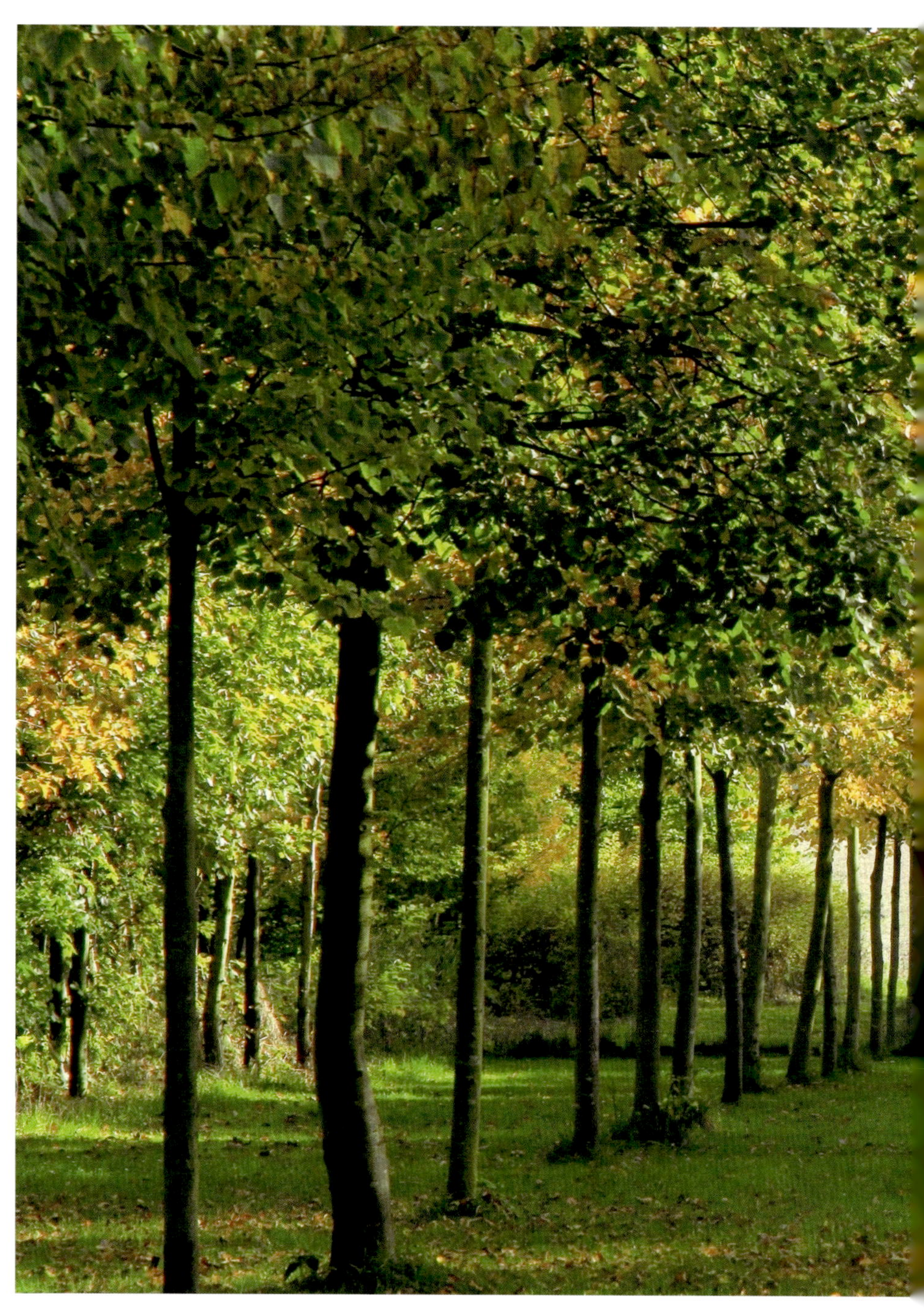

Nachwuchsallee Linde,
Gut Petersdorf 2010

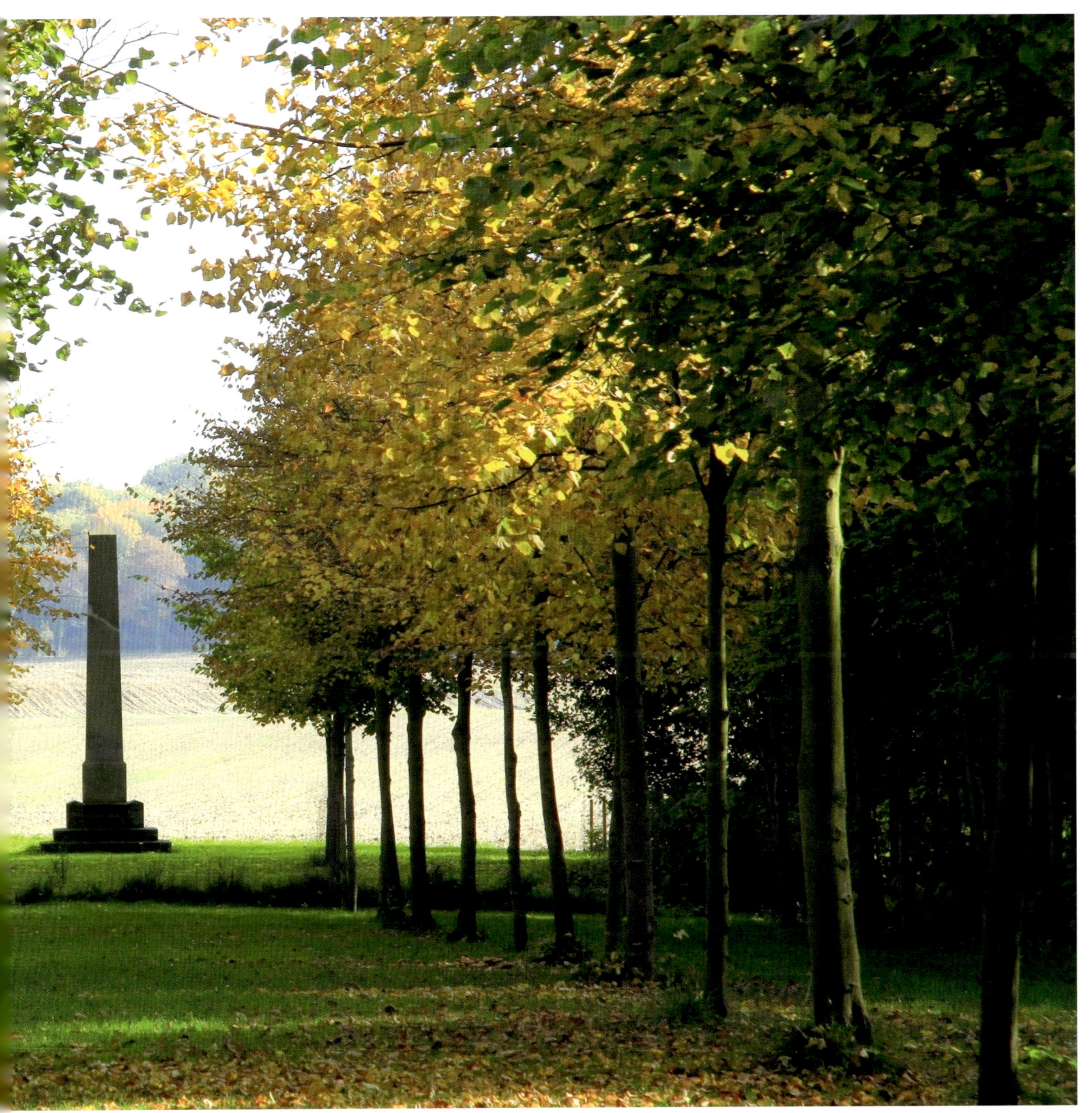

Die historische Lindendoppelallee Gut Seestermühe, Kreis Pinneberg

Gedanken eines Zeitzeugen

Von Dr. Frank Schoppa

Vorsitzender des Fördervereins Kulturlandschaft Pinneberger Baumschulland e.V.

2010 wurde sie vom Schleswig-Holsteinischen Heimatbund als schönste Allee in privatem Besitz gekürt. Die rund 300-jährige Allee ist Teil einer barocken Gartenanlage in der Elbmarsch und steht unter Denkmal- und Naturschutz. Die Grundstruktur der 700 m langen Doppelallee inklusive

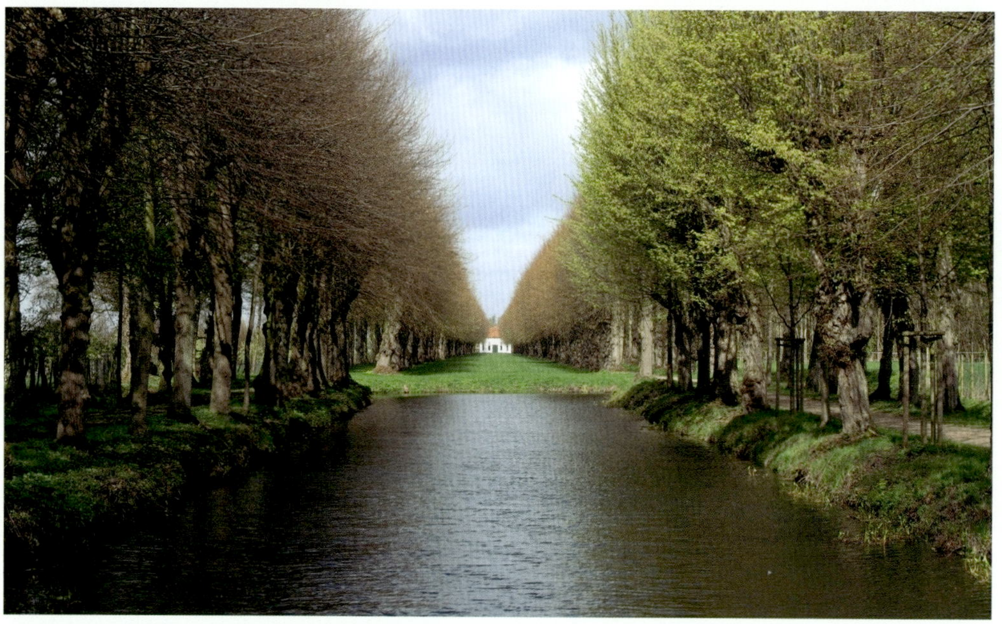

Historische Lindendoppelallee Seestermühe vor der Sanierung 2014 © Heiner Leiska

Teehaus ist bis heute erhalten. Man bemerkt es gleich: In dieser Allee zu stehen ist etwas Besonderes.

Und so ließ es mich nicht mehr los, als die Eigentümerin mir mitteilte, dringend Unterstützung beim Erhalt und auch beim Ringen mit den zuständigen Behörden zu benötigen. Zudem zeigte der Blick entlang beider Doppelallee-Achsen: Die historische Allee ist in ihrem Bestand akut gefährdet. 2015 nahm sich der gemeinnützige Förderverein Kulturlandschaft Pinneberger Baumschulland e.V. der Allee an und initiierte einen runden Tisch mit allen für den Erhalt regional und fachlich relevanten Akteuren. Sieben Jahre sollte es dauern, bis unter Moderation und Federführung des Fördervereins die Sanierung erfolgreich abgeschlossen werden konnte.

Die Umweltlotterie BINGO sowie private Spenden machten die Sa-

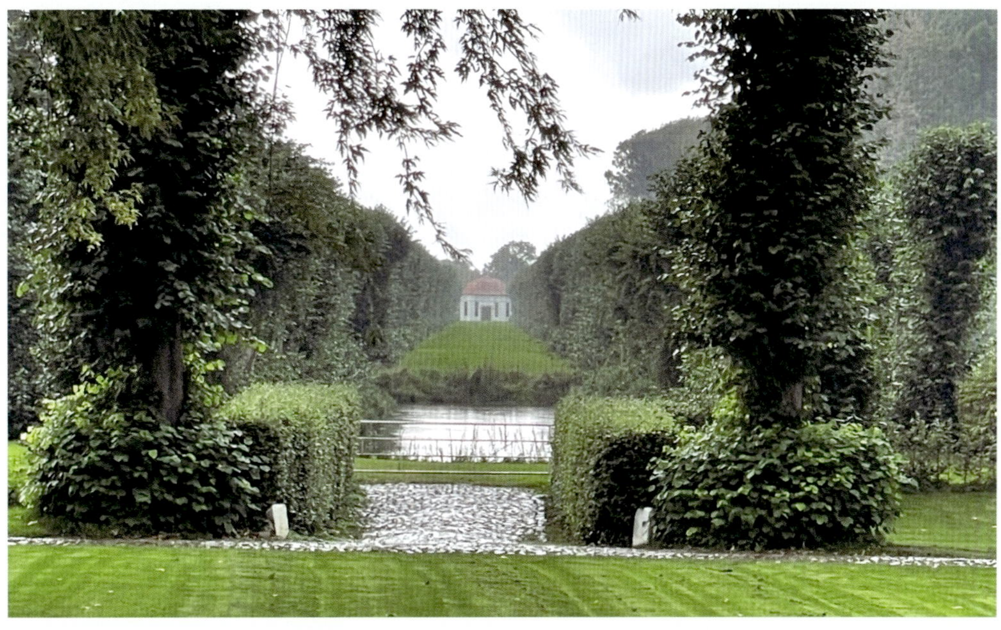

Historische Lindendoppelallee Seestermühe nach der Sanierung 2021 © Frank Schoppa

nierung letztlich erst möglich. Alle baumpflegerischen Arbeiten wurden durch den Fachbetrieb Baumpflege Uwe Thomsen, Pinneberg, durchgeführt. Zudem konnten Informationsmedien zur Umweltbildung bereitgestellt werden. Führungen durch zertifizierte Landschaftsführer werden angeboten. Im September 2021 konnte mit einem öffentlichen Fest und Dank an alle Akteure die sanierte Allee übergeben werden.

Es steht zu hoffen, dass auch kommende Generationen durch bürgerschaftliches Engagement sich an dieser besonderen Allee erfreuen können.

Damit auch nachfolgende Generationen die Schönheit von Alleen erleben können und der ökologische Nutzen weiterhin bestehen bleibt, kommt Neupflanzungen von Alleen eine ebenso große Bedeutung zu wie ihrem Erhalt.

Unter Neupflanzungen werden sowohl replantierte Alleen, d.h. an alter Stelle vollständig ersetzte Alleen, als auch vollständig neu angelegte Alleen an Standorten, wo es vorher noch keine Allee gab, verstanden.

Beispiele replantierter Alleen sind die Königsallee im Gottorfer Schlossgarten im Rahmen der Wiederherstellung des Fürstengartens und die ca. 260 m lange Eichenallee als Zufahrt zum Gut Schmoel, die 1988 gepflanzt wurde.

Im Küchengarten des Schlosses Eutin sowie auf dem Gut Petersdorf wurden Alleen neu gepflanzt. Im Jahr 2010 wurde die Gutsallee Petersdorf als Nachwuchsallee im Alleenwettbewerb des SHHB ausgezeichnet. Zwölf Jahre später hat sie sich bereits weiterentwickelt. Um eine prächtige Allee zu werden, braucht sie noch etliche Jahre Wachstum und Pflege.

Meine Lieblingsallee im Küchengarten der Eutiner Residenz

Gedanken einer Zeitzeugin

Von Dr.-Ing. Margita M. Meyer

Landesamt für Denkmalpflege

Der Siegerentwurf zum »Küchengartenwettbewerb 2005« des Leipziger Landschaftsarchitekturbüros Kathrin Franz sah eine Zweiteilung des knapp zwei Hektar großen Küchengartens vor.

Bei der Wiederherstellung des Küchengartens war auch die Gestaltung seiner Hauptachse eine besondere Herausforderung: Wie sollte sie akzentuiert werden? Im südlichen Bereich wurde eine Pflaumenbaumallee angelegt, die die einstige Vielfalt der Obstgehölze im Barockzeitalter und den Höhepunkt der Sortenvielfalt im 19. Jahrhundert versinnbildlichen soll. Die Allee besteht aus dreizehn Baumpaaren und einer Reihe von fünf Einzelbäumen an ihrem südlichen Ende.

Insgesamt also 31 Pflaumenbäume wurden 2015 als Mittelstamm mit einem Pflanzabstand von 5,50 bis 6 m in die Erde gesetzt. Verwendung fanden verschiedene Sorten, wobei in der Regel drei Stück pro Sorte gepflanzt wurden: die 1891 gezüchtete »Bühler Frühzwetschge«, die 1856 in England zu Ehren Königin Viktorias überlieferte »Viktoria-Pflaume«, die aus Ungarn stammende und seit 1870 überlieferte »Anna Späth«, die englische »The Czar«, die ebenfalls aus dem späten 19. Jahrhundert stammt, die »Schöne von Löven«, die seit dem 17. Jahrhundert überlieferte »Hauszwetschge« und die alte Sorte »Gelbe Eierpflaume«. Alle genannten Sorten sind im Eutiner Küchengarten belegt. Zusätzlich wurden vier weitere alte Sorten ausgewählt, die für Eutin bisher nicht nachgewiesen sind: die »Große Grüne Reneklode« aus Armenien, die englische »Kirkespflaume« und zwei französische Sorten, die seit dem 17. Jahrhundert überlieferte »Mirabelle de Nancy« und die seit dem 18. Jahrhundert bekannte »Oullins Reneklode«.

Alle diese Bäume bedürfen eines regelmäßigen Erziehungsschnitts. Denn wichtig für die geschlossene Wirkung der Allee ist ein einheitlicher Kronenansatz bei 1,40 m Höhe.

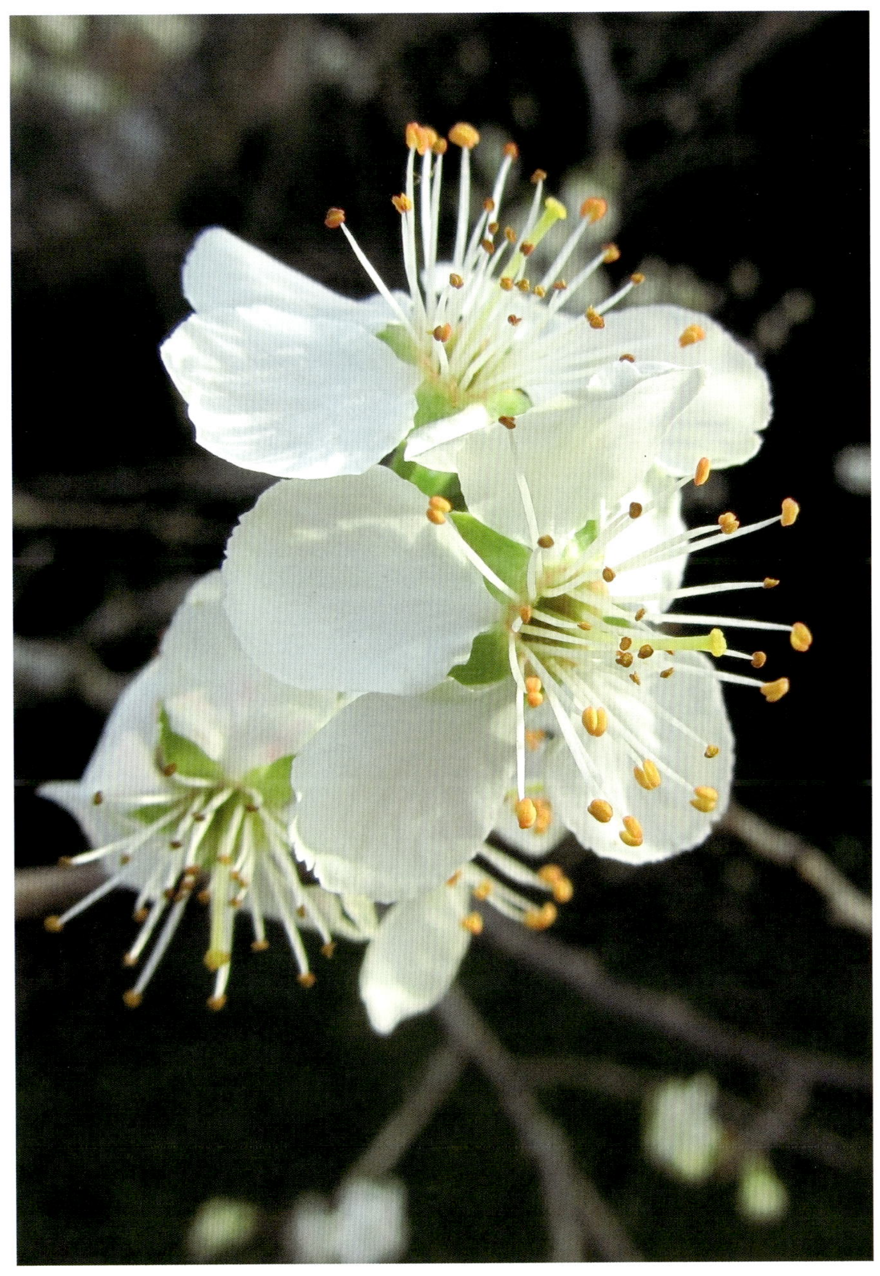

Blüte der Großen Grünen Reneklode

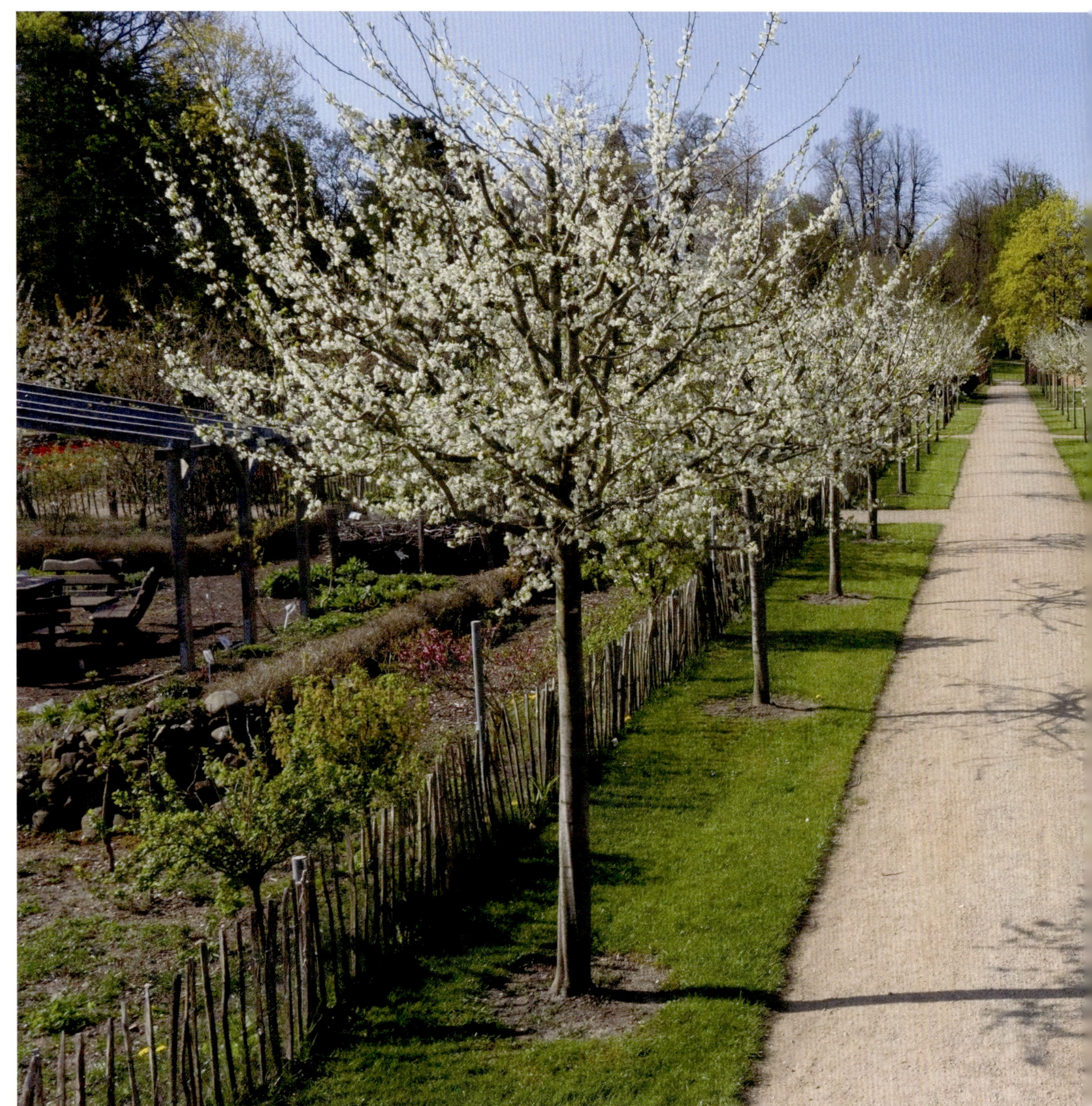

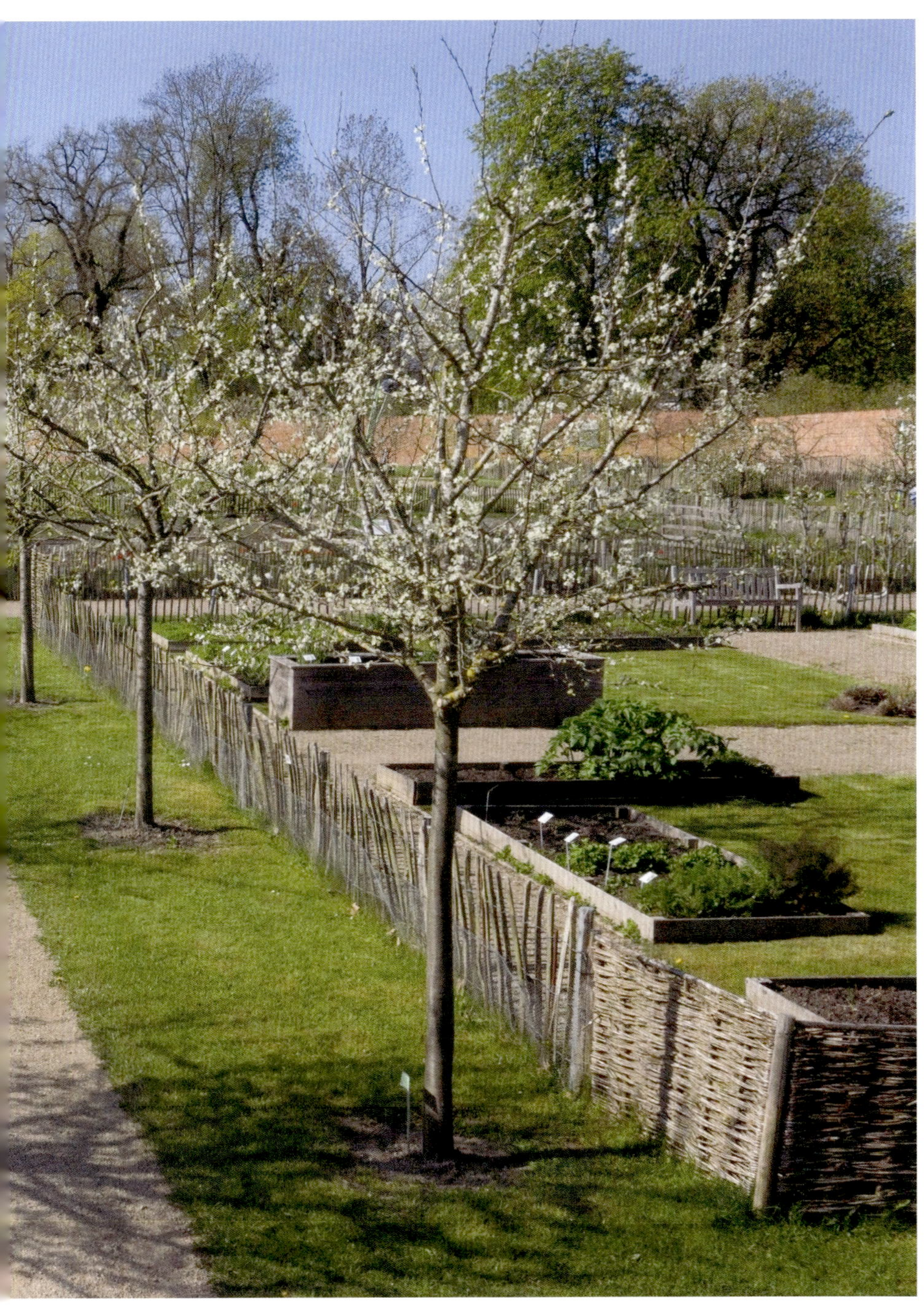

Küchengarten zur Pflaumenblüte im April, Aufn. 2022
© Cornelia Fehre, Landesamt für Denkmalpflege Schleswig-Holstein

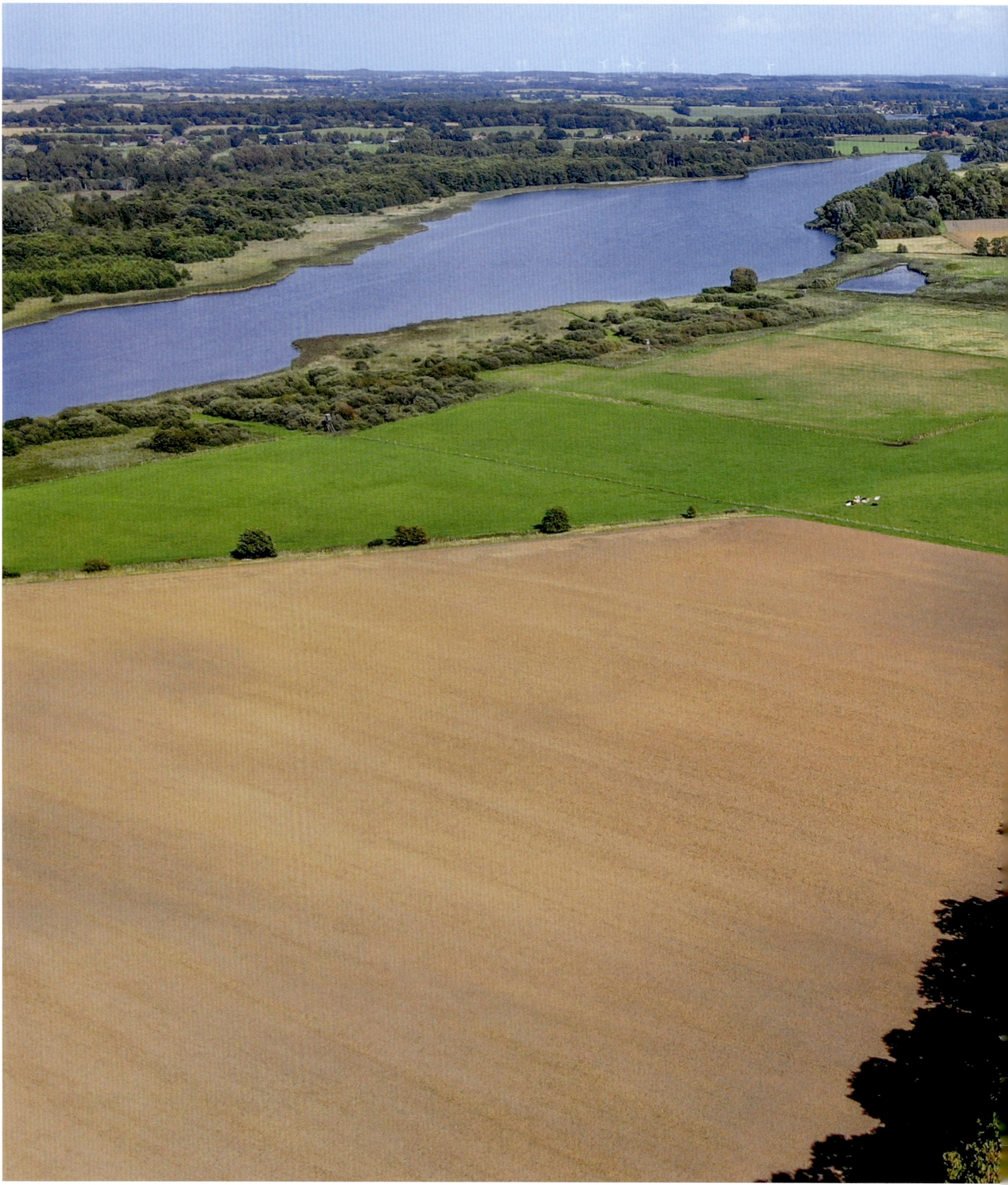

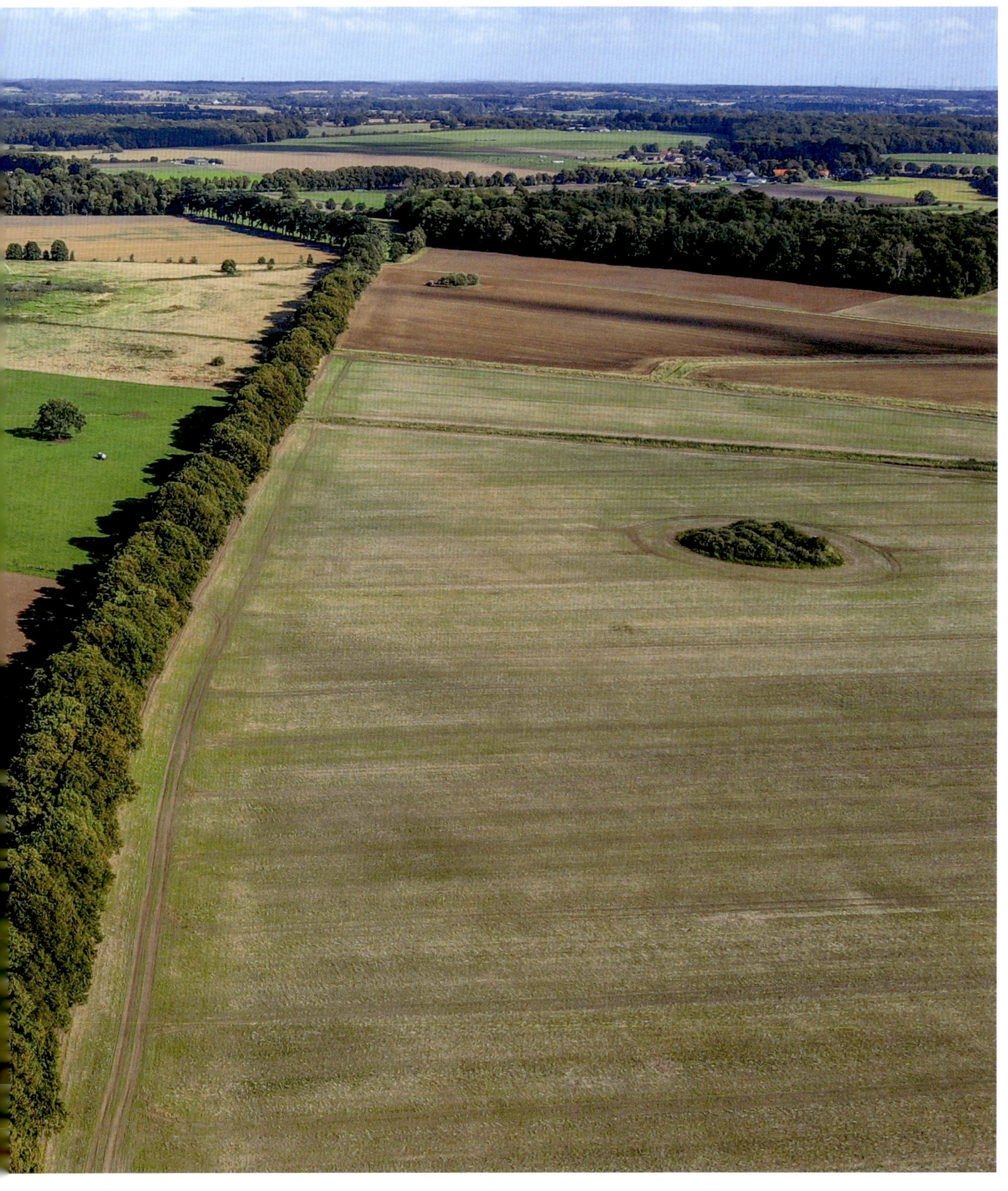

Hornsdorfer Allee © Heino Müller

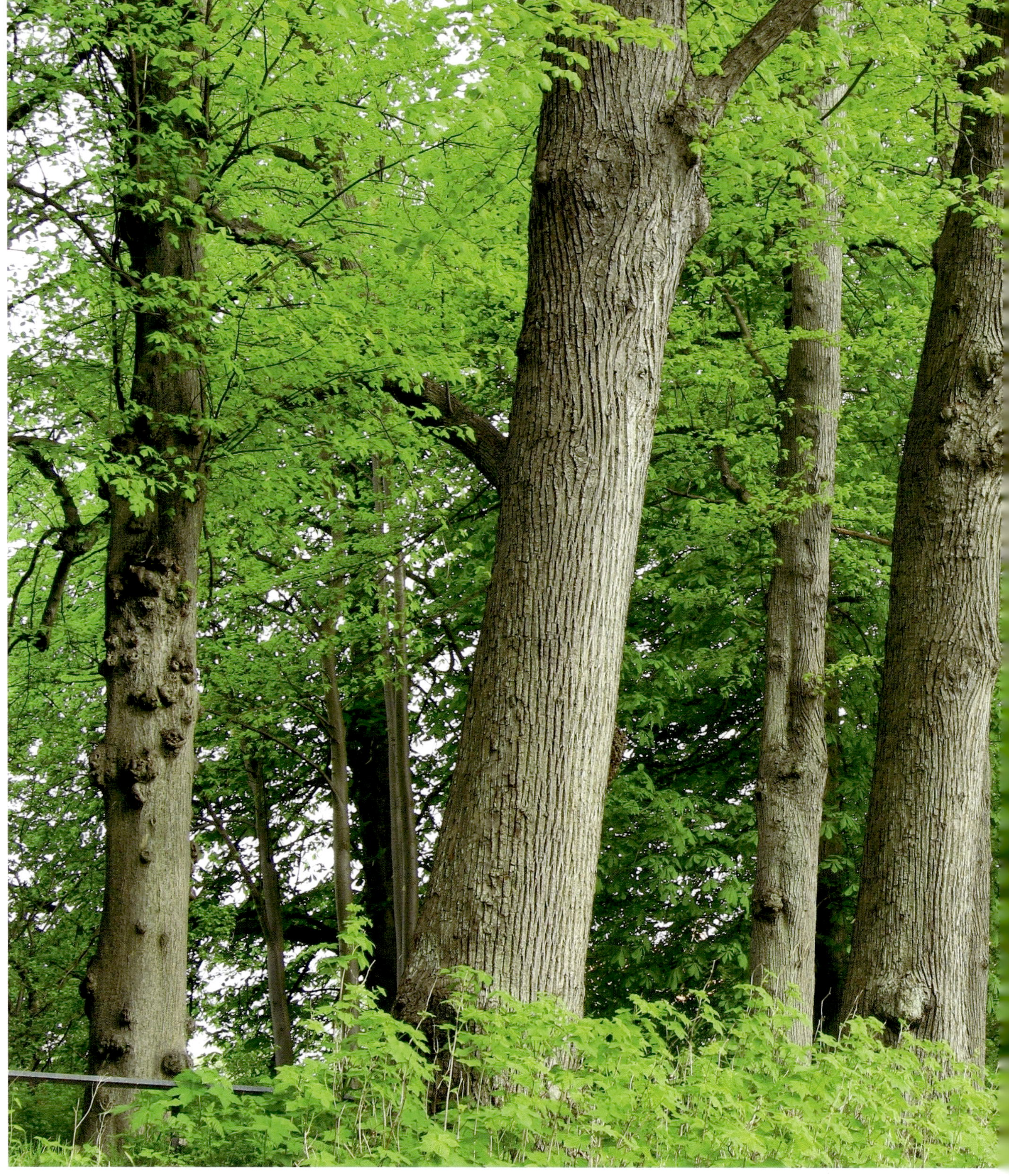

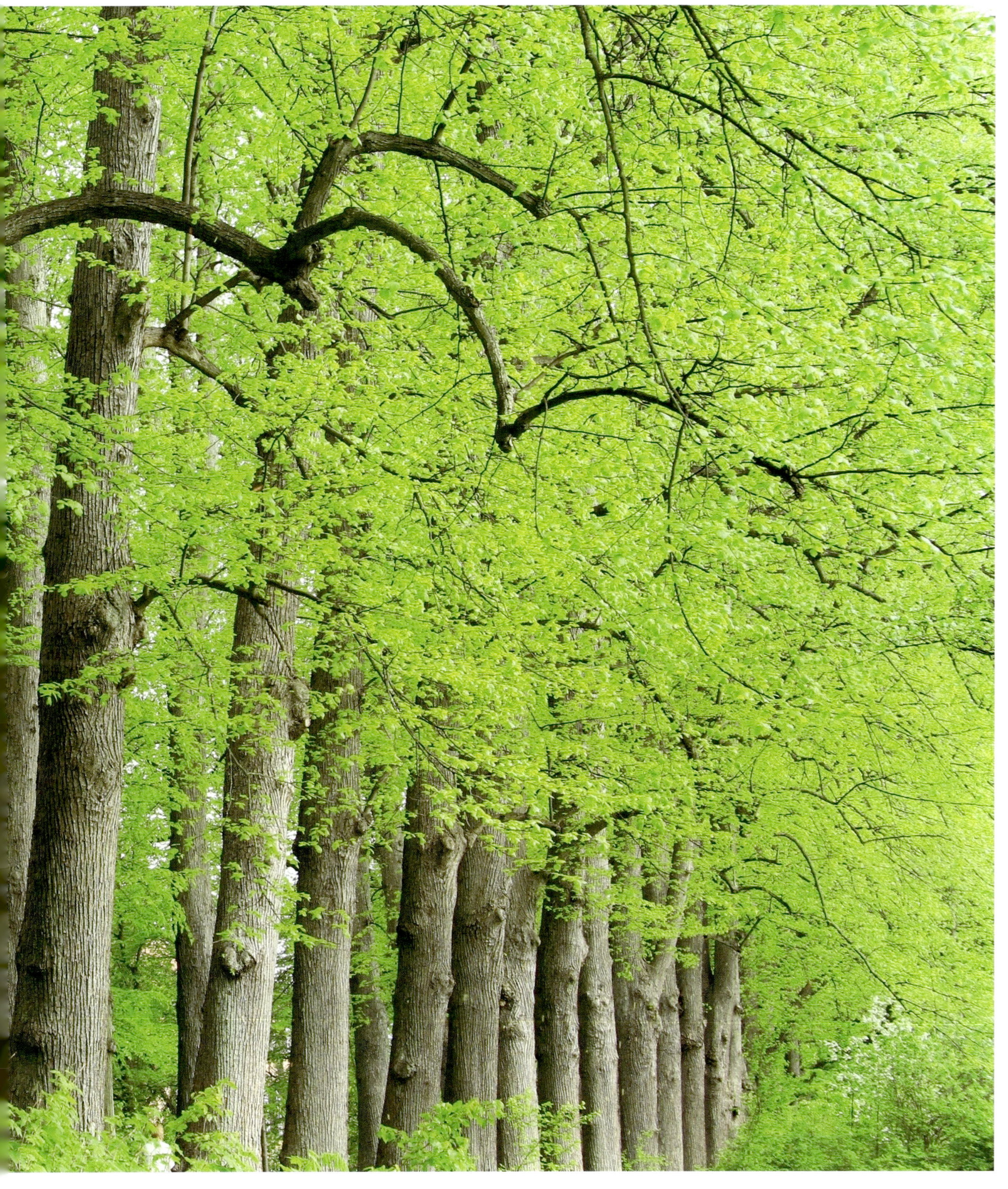

Lindenallee im Eutiner Schlosspark © Klaus Dürkop

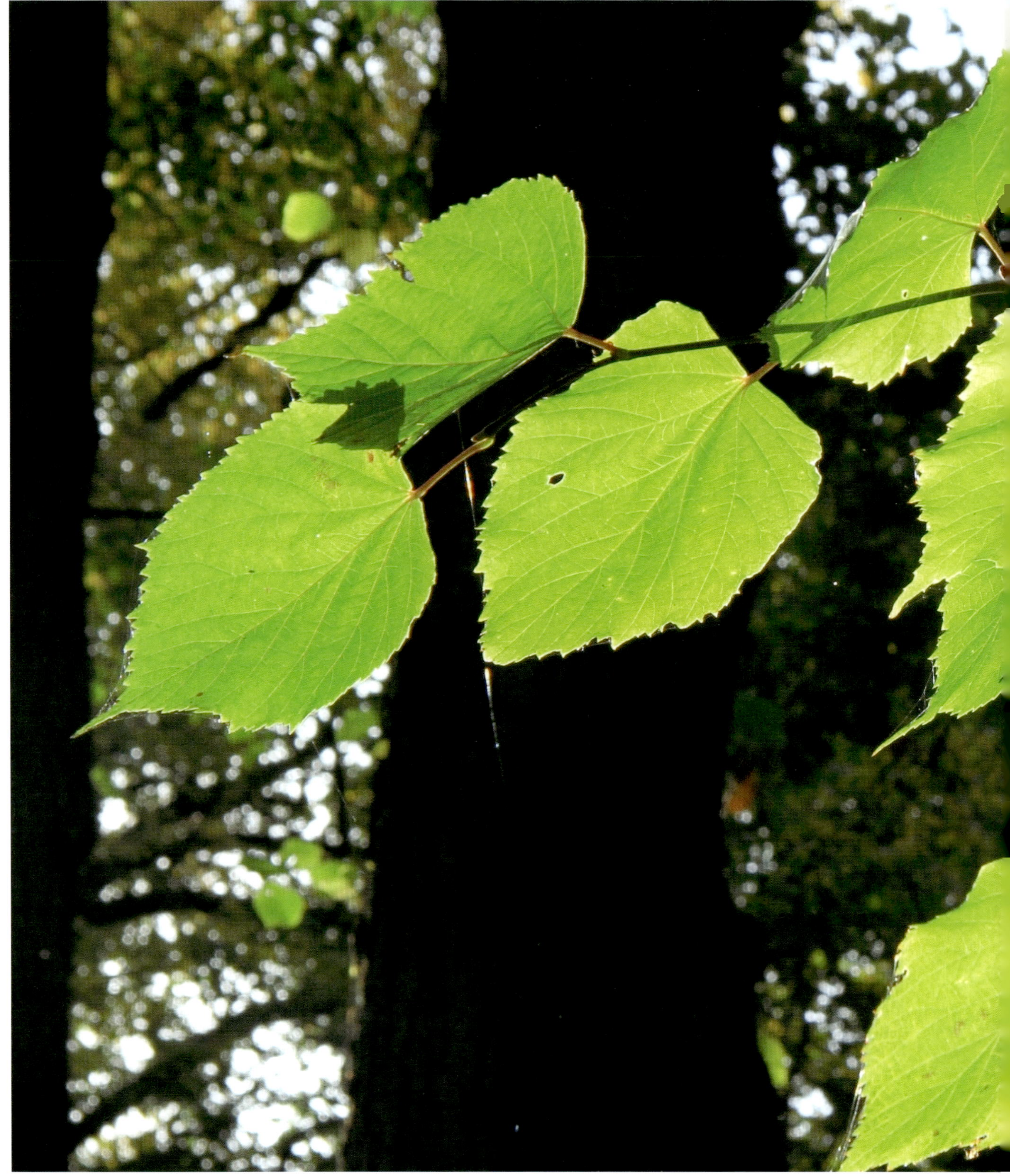

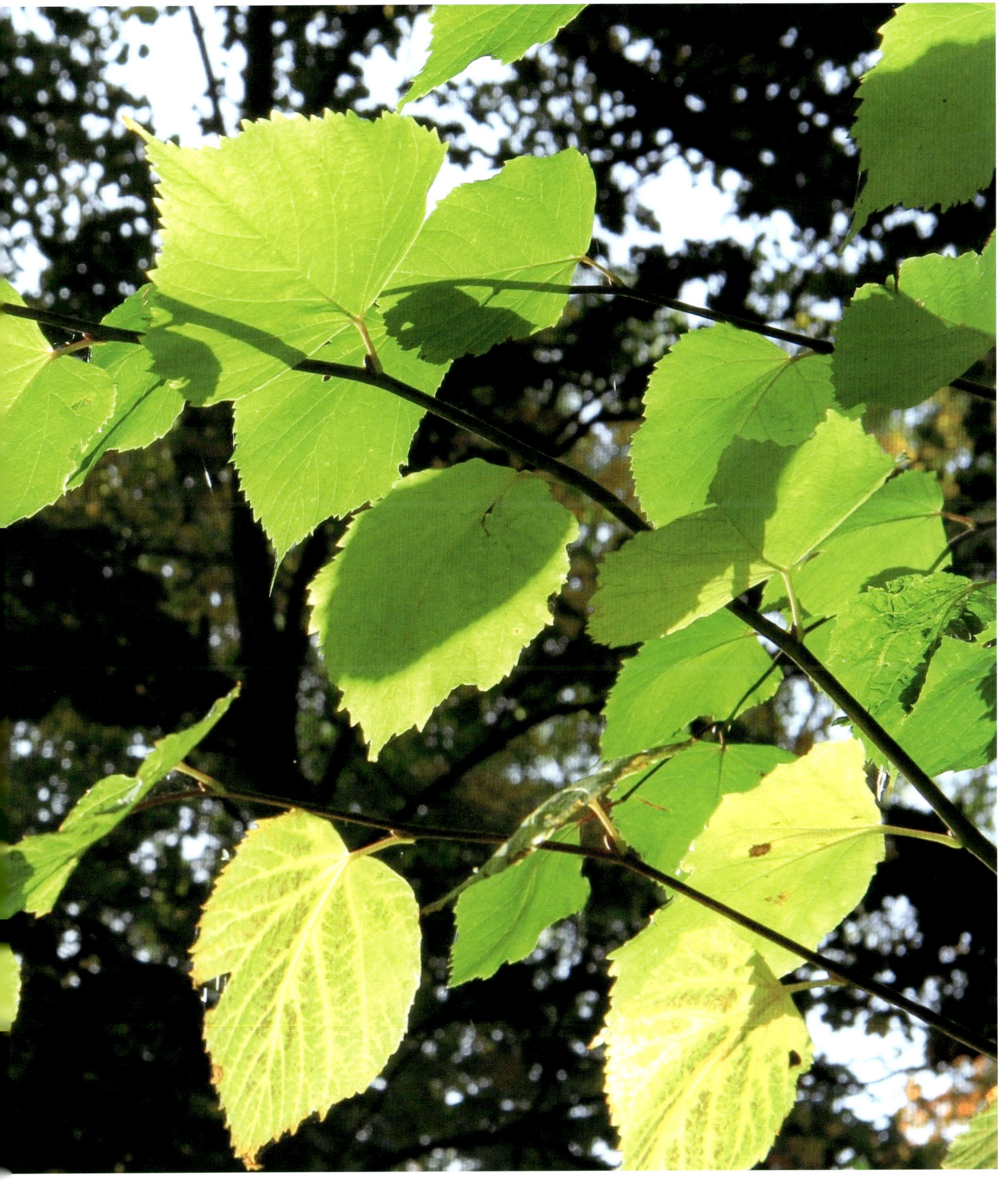

Lindenblätter © Klaus Dürkop

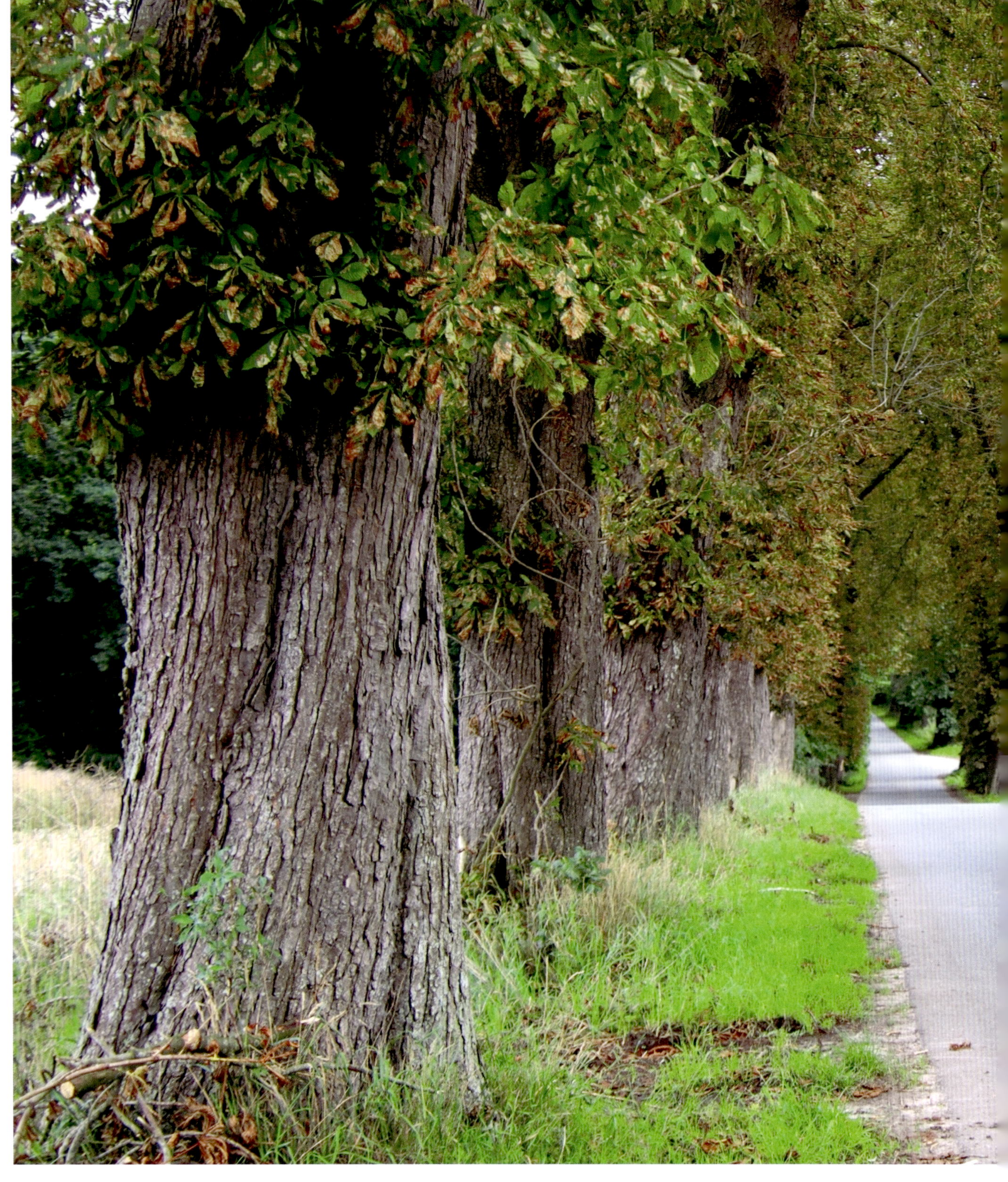

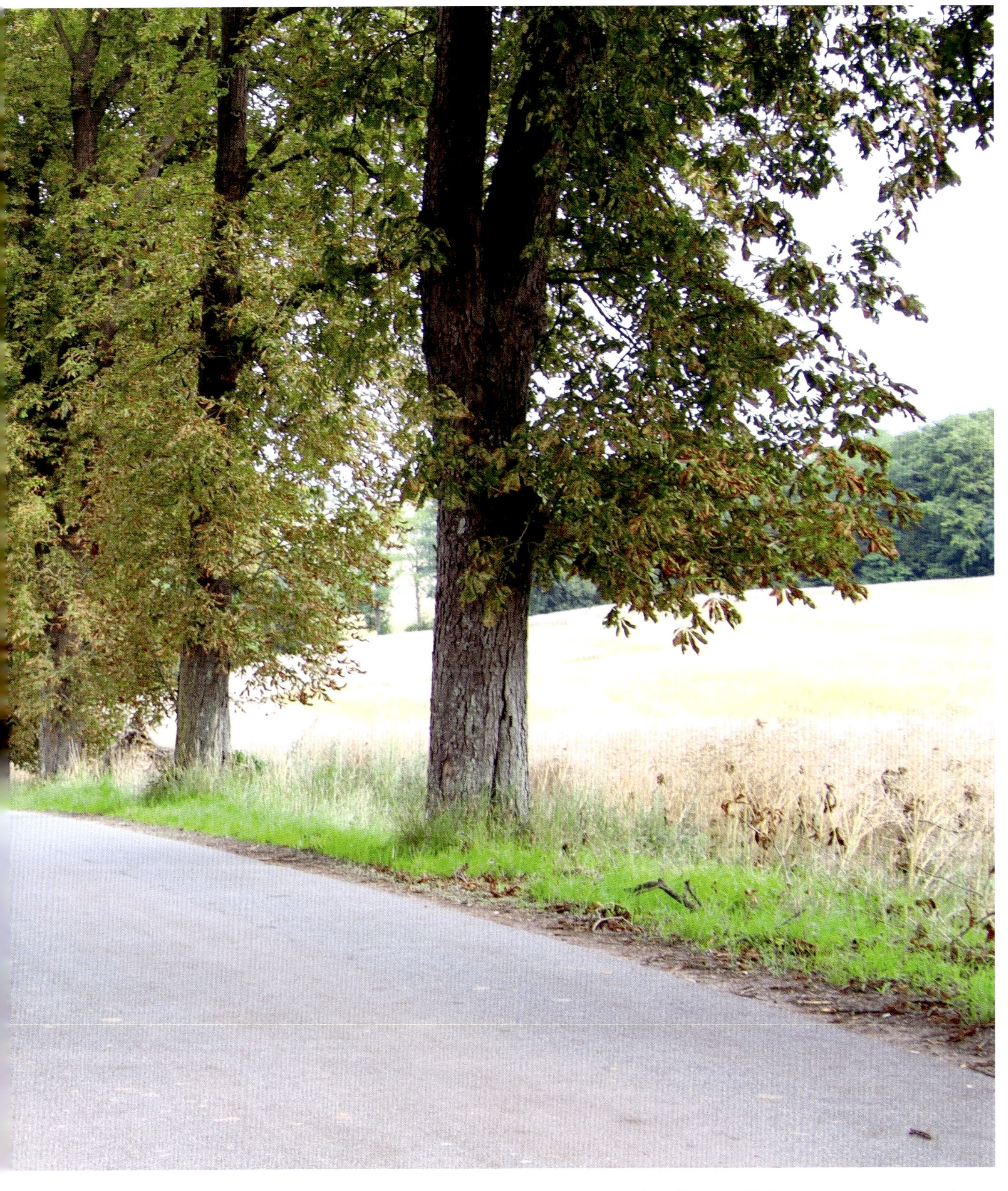

Kastanienallee Gut Kletkamp

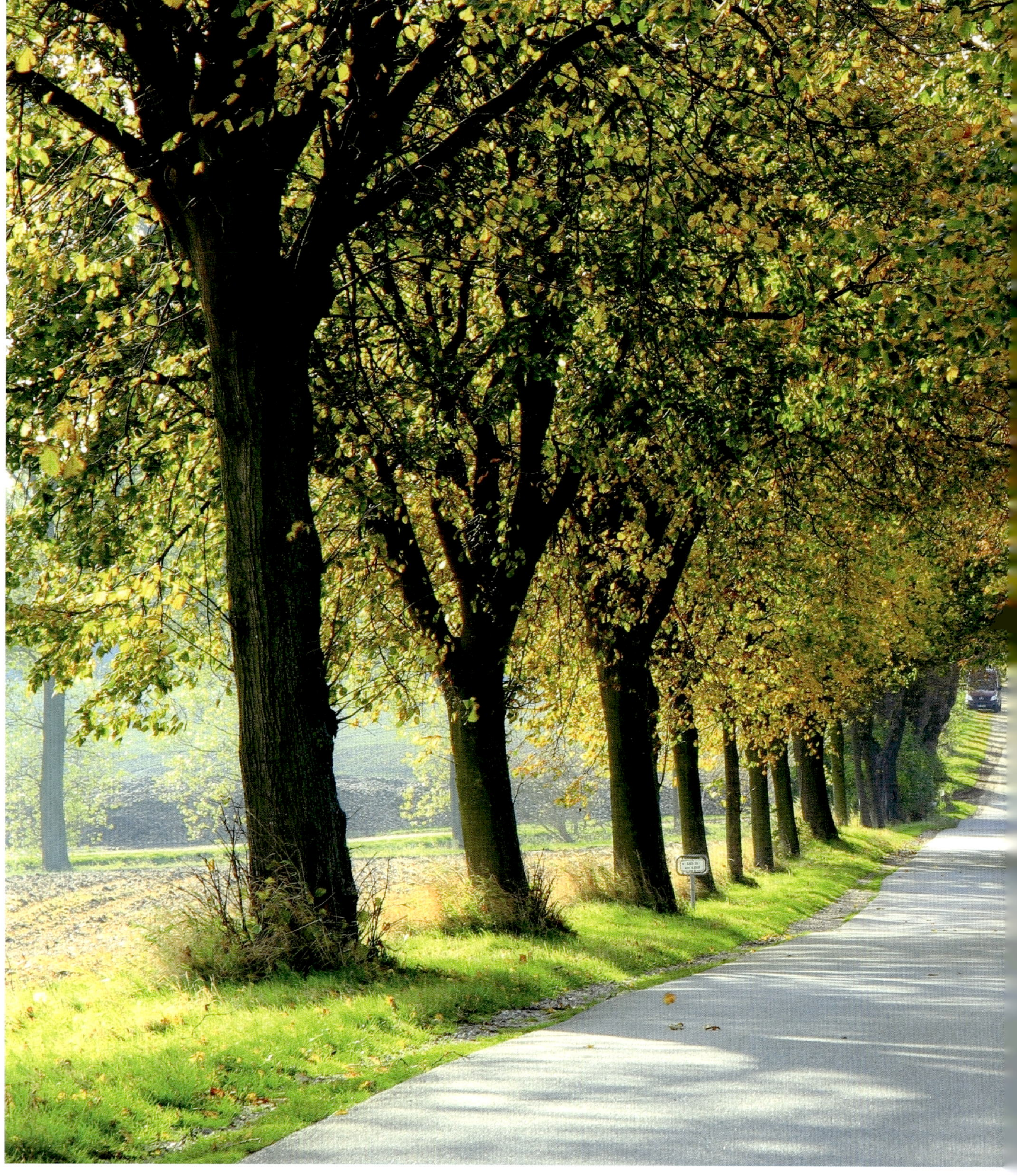

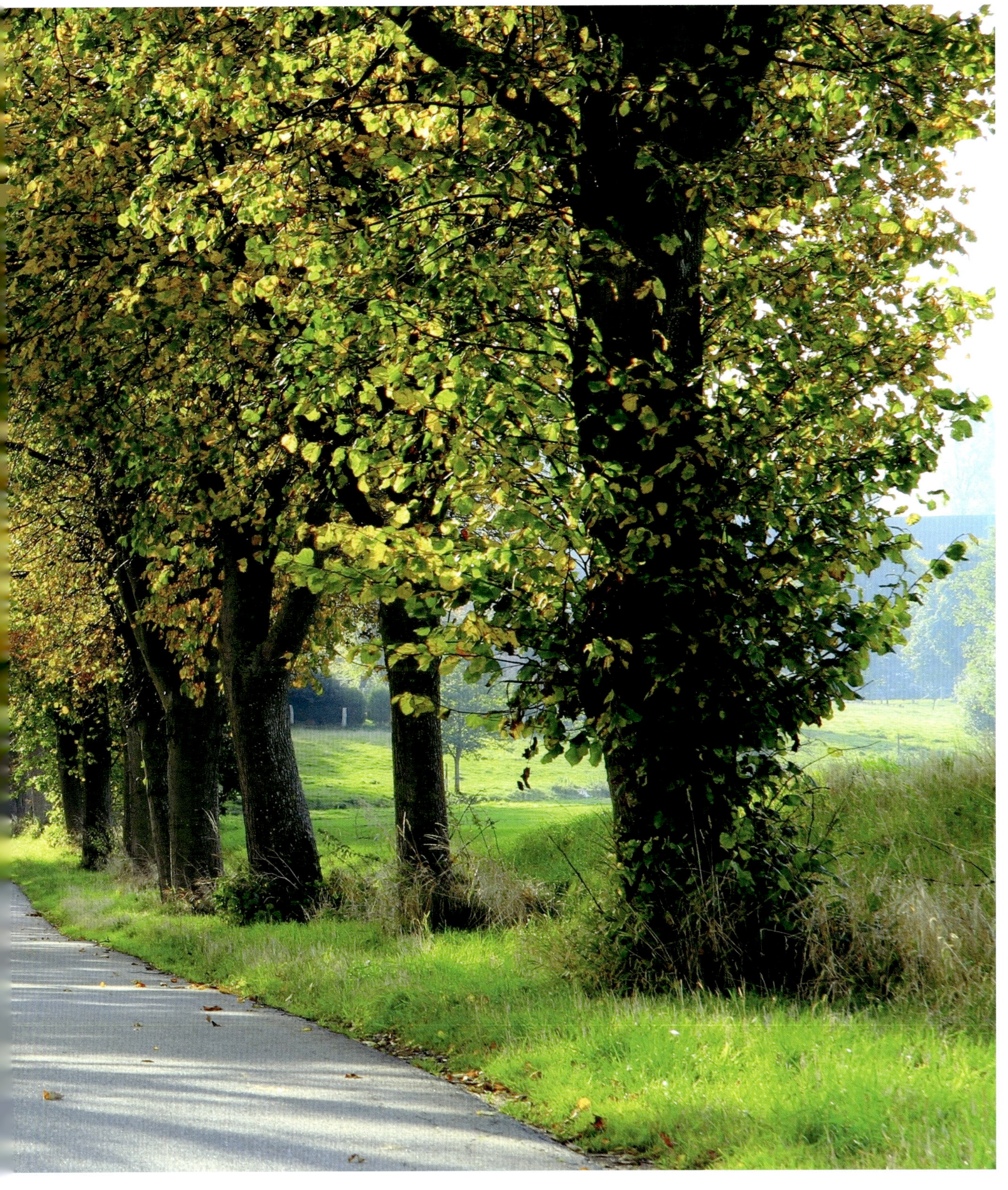

Lindenallee Siggen © Klaus Dürkop

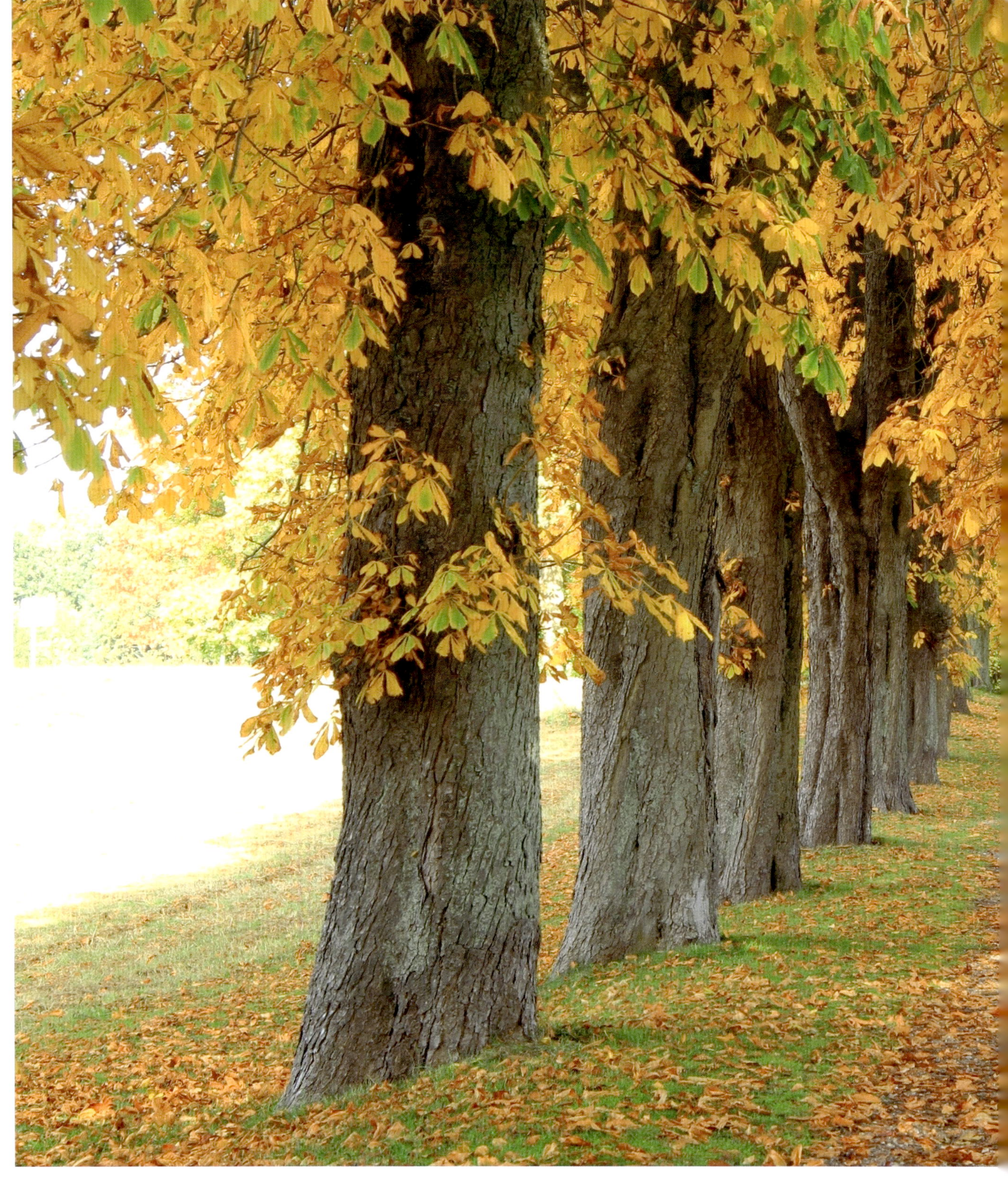

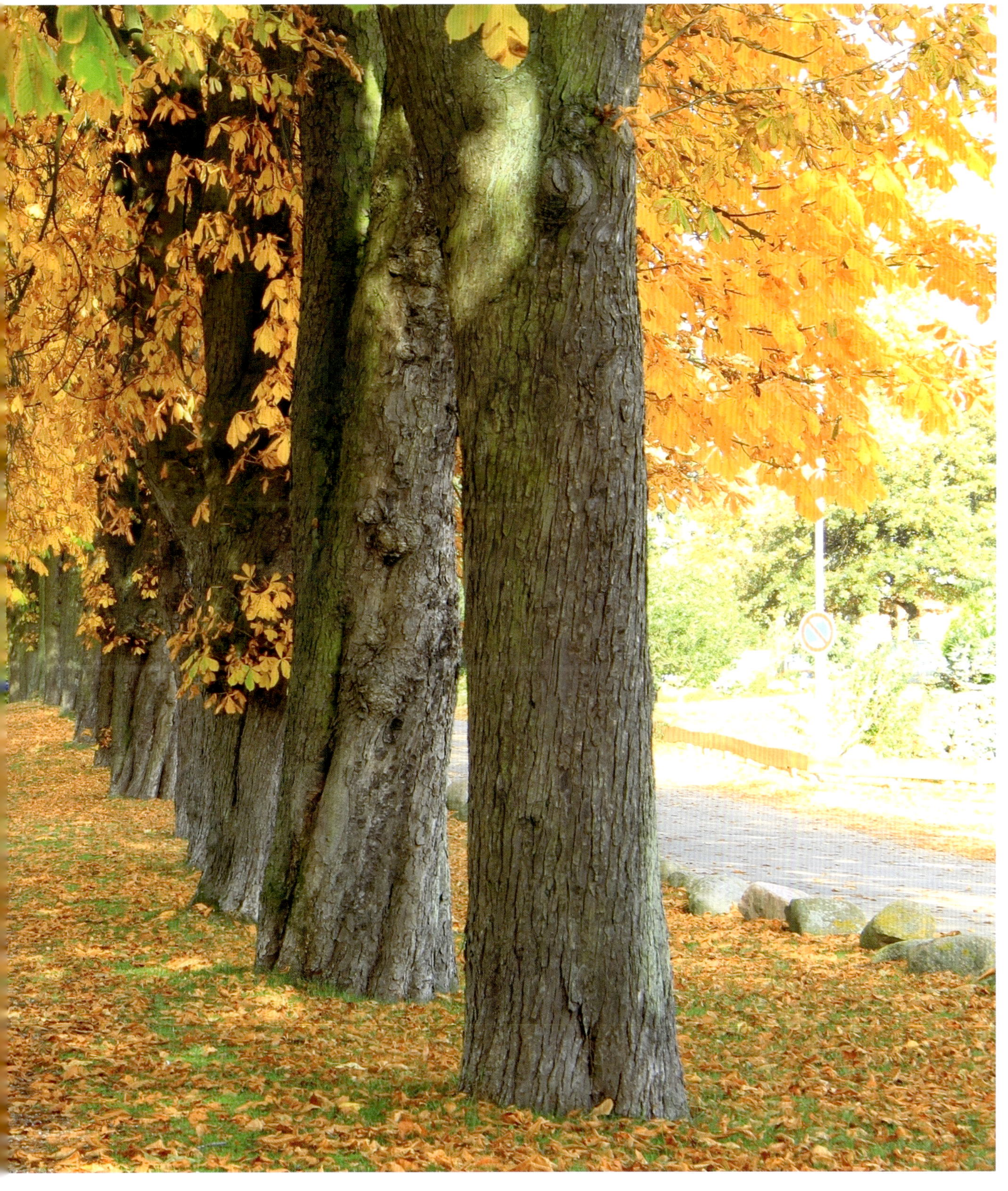

Schmidt-Rottluff-Allee in Sierksdorf © Klaus Dürkop

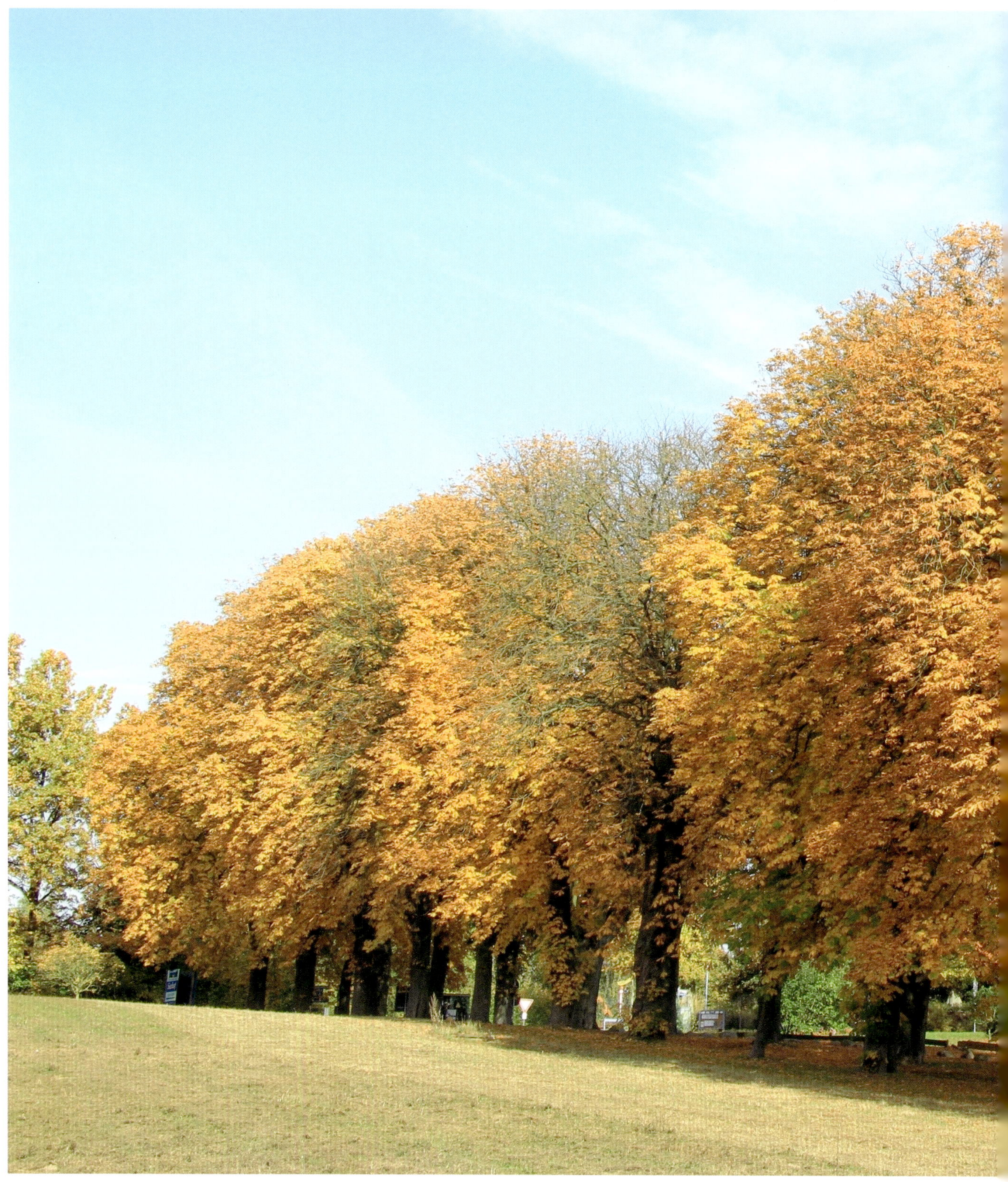

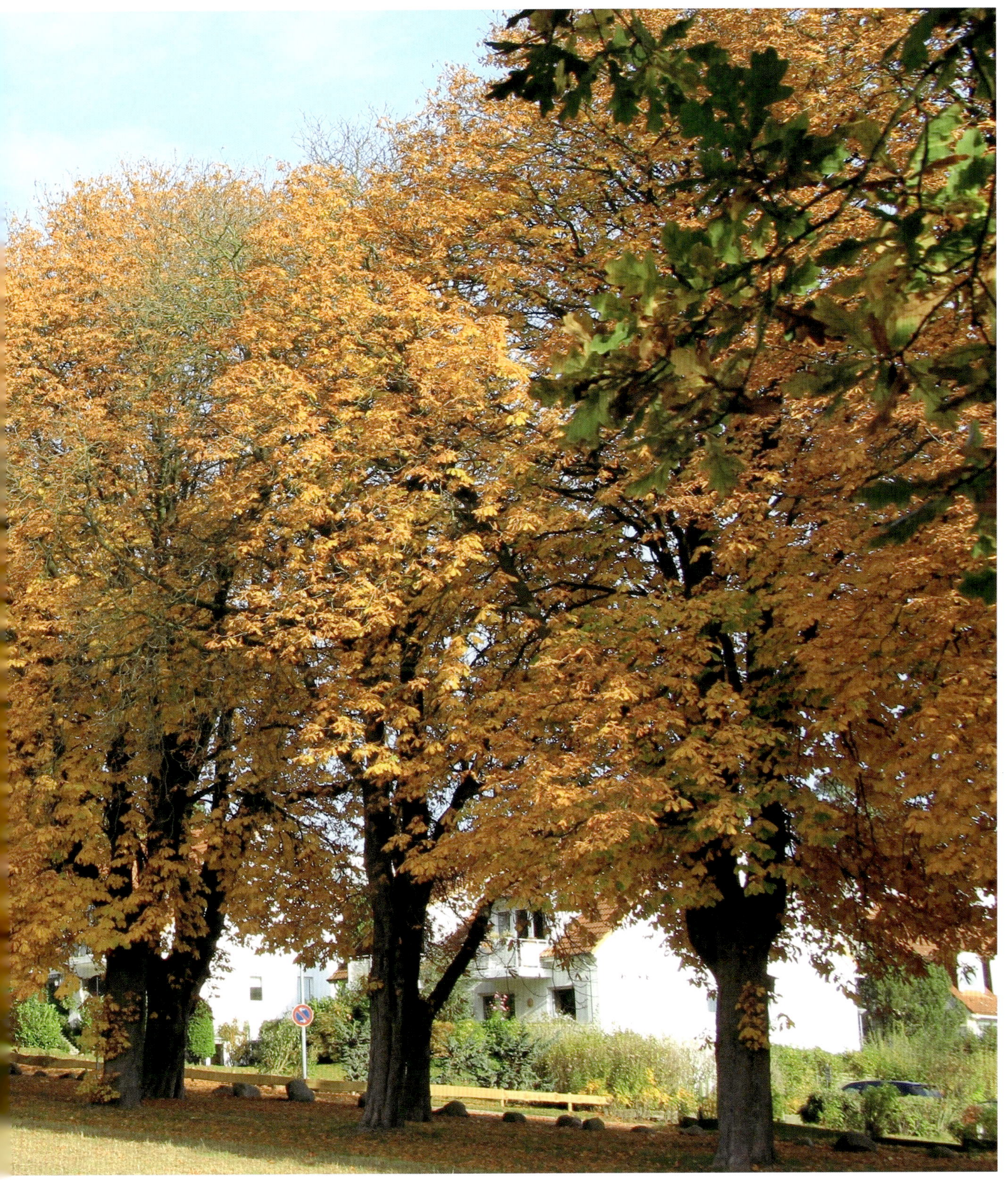

Schmidt-Rottluff-Allee in Sierksdorf

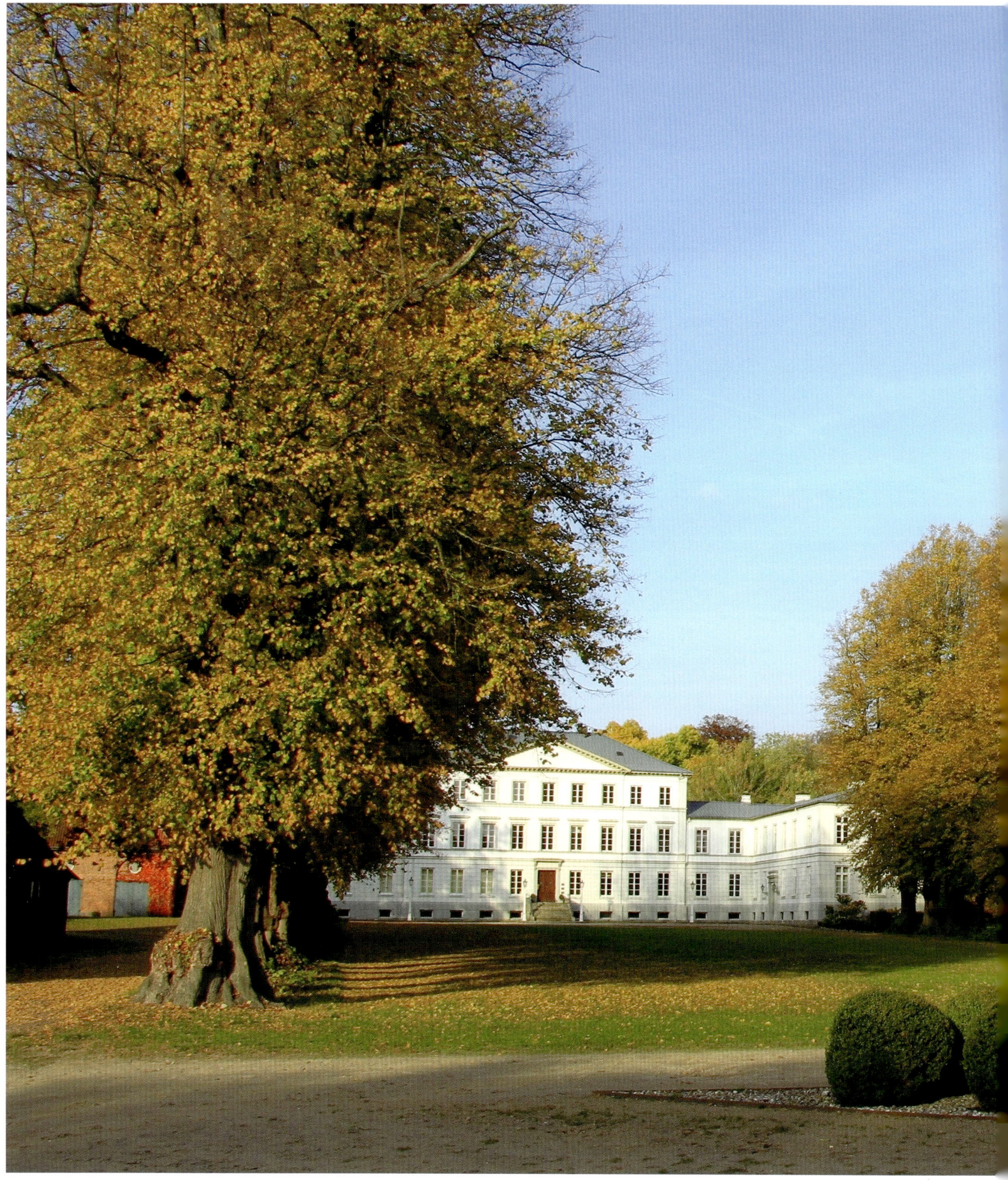

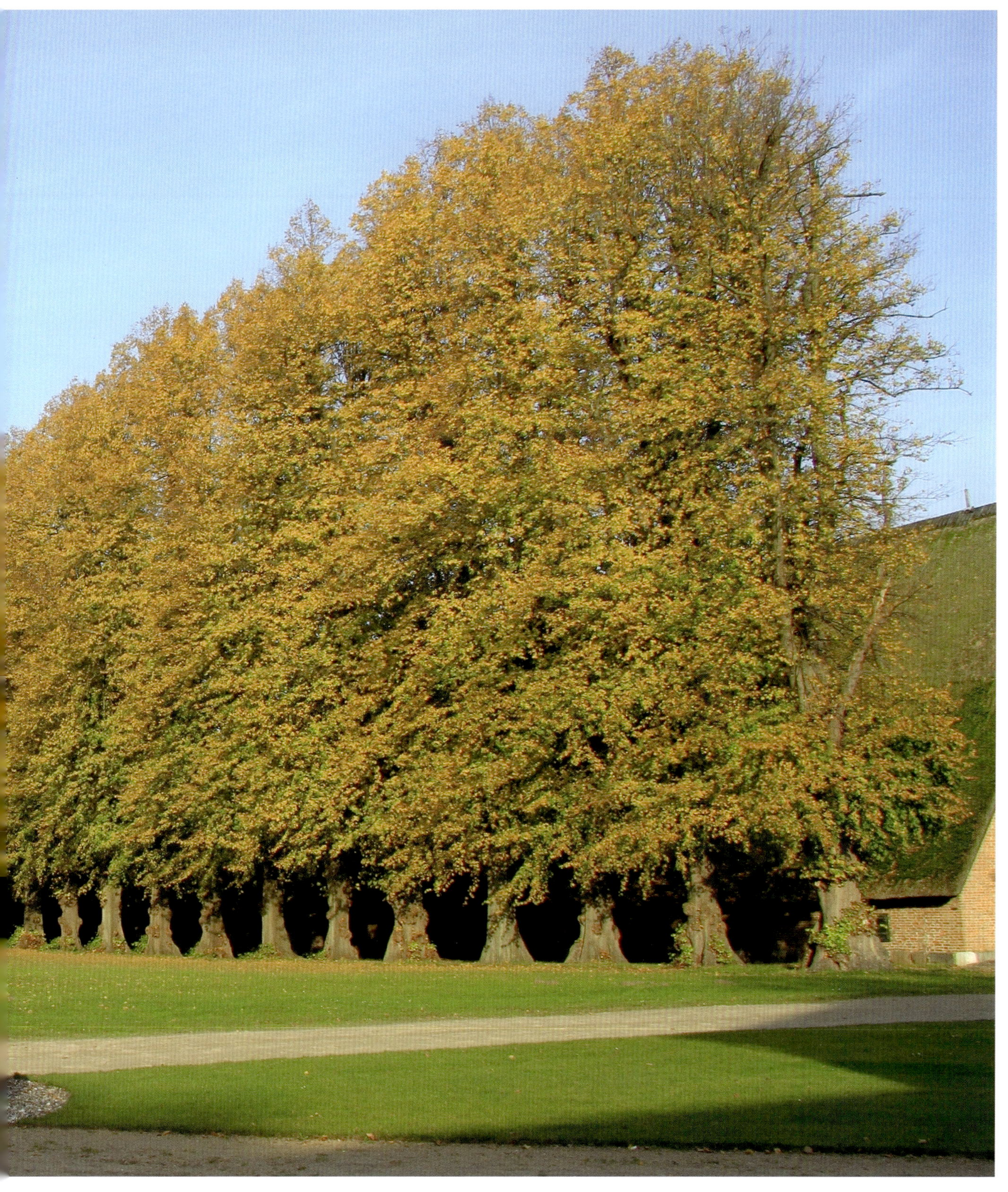

Lindenallee Nehmten © Klaus Dürkop

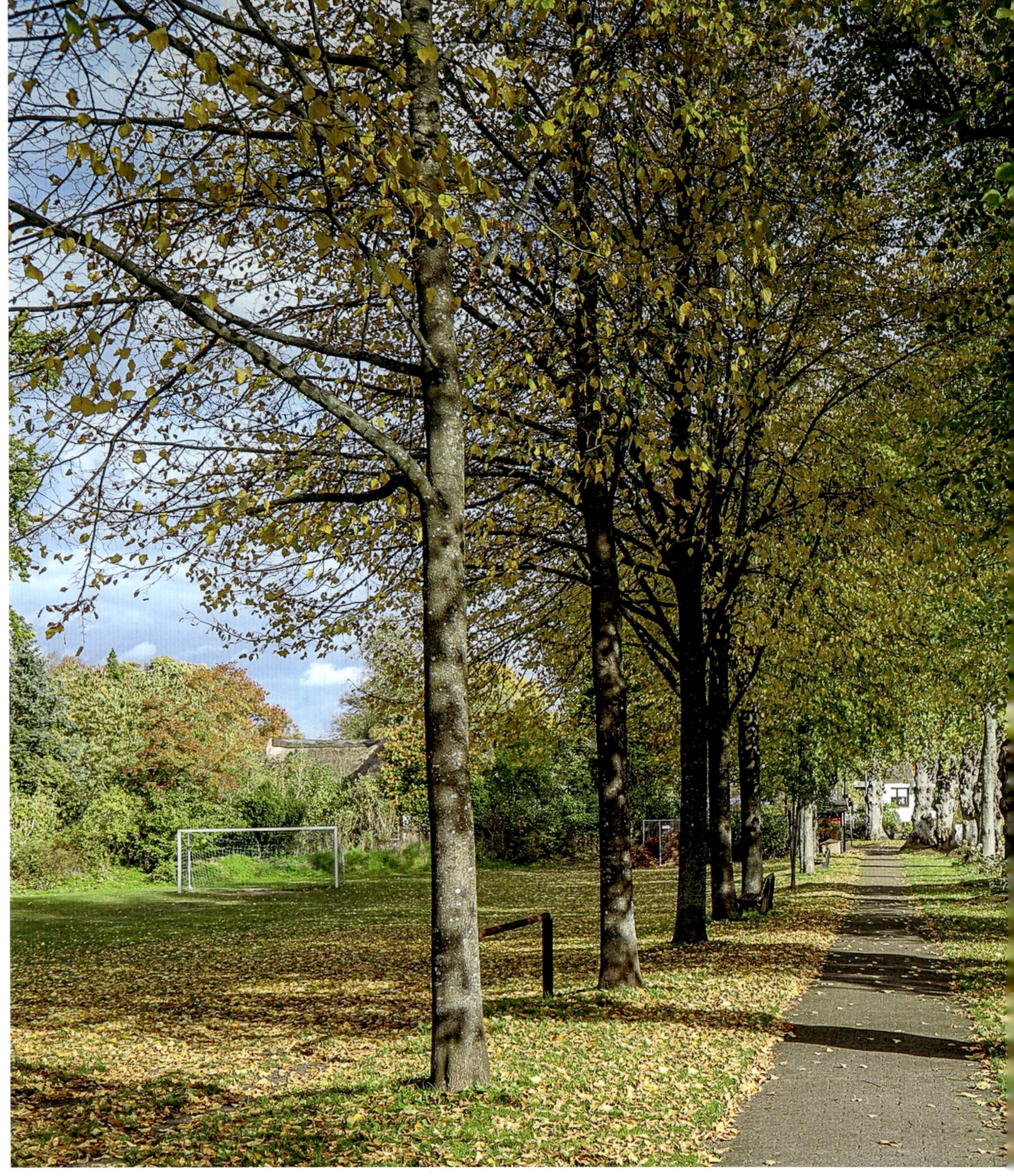

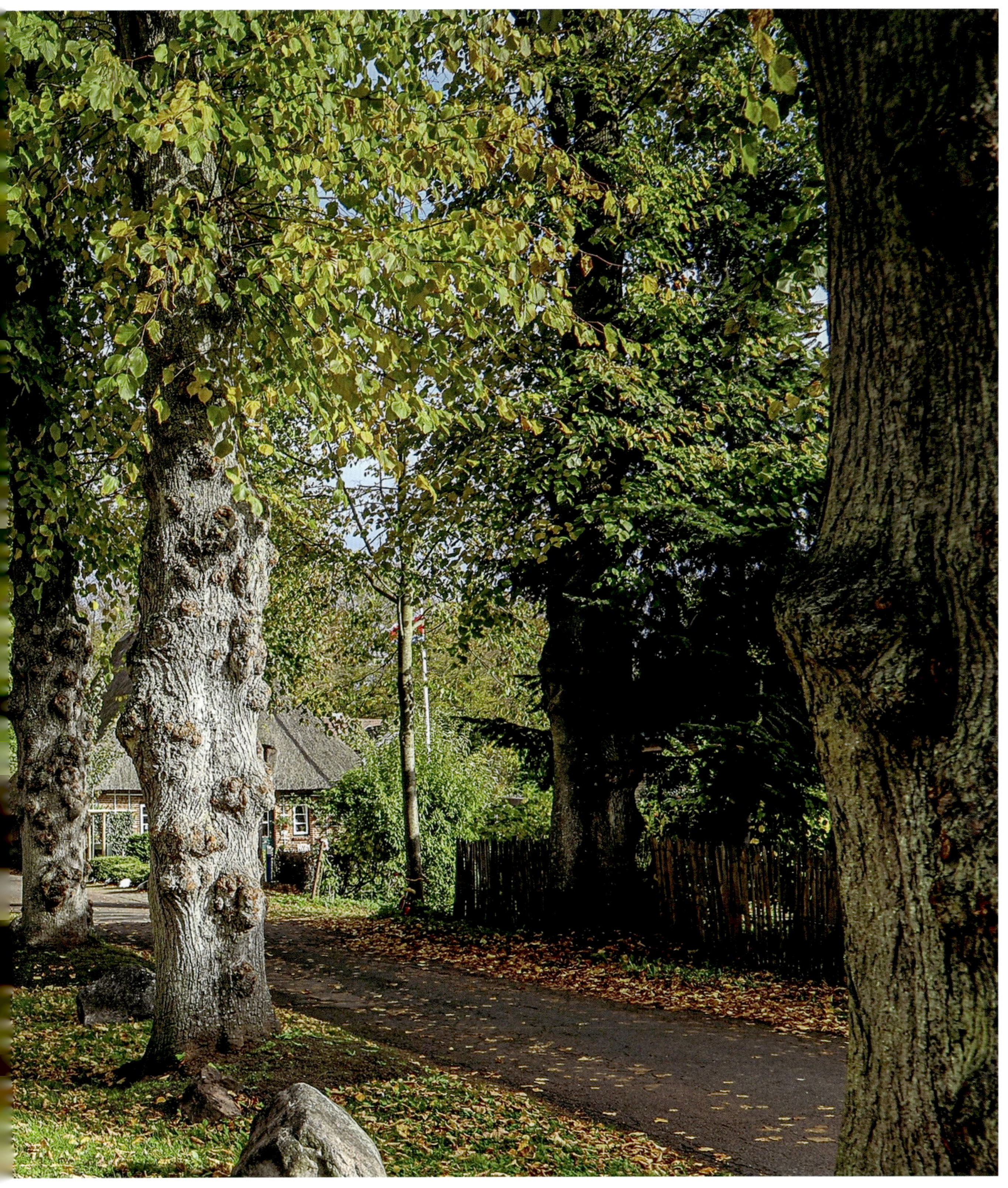

Lindenallee Flemhude

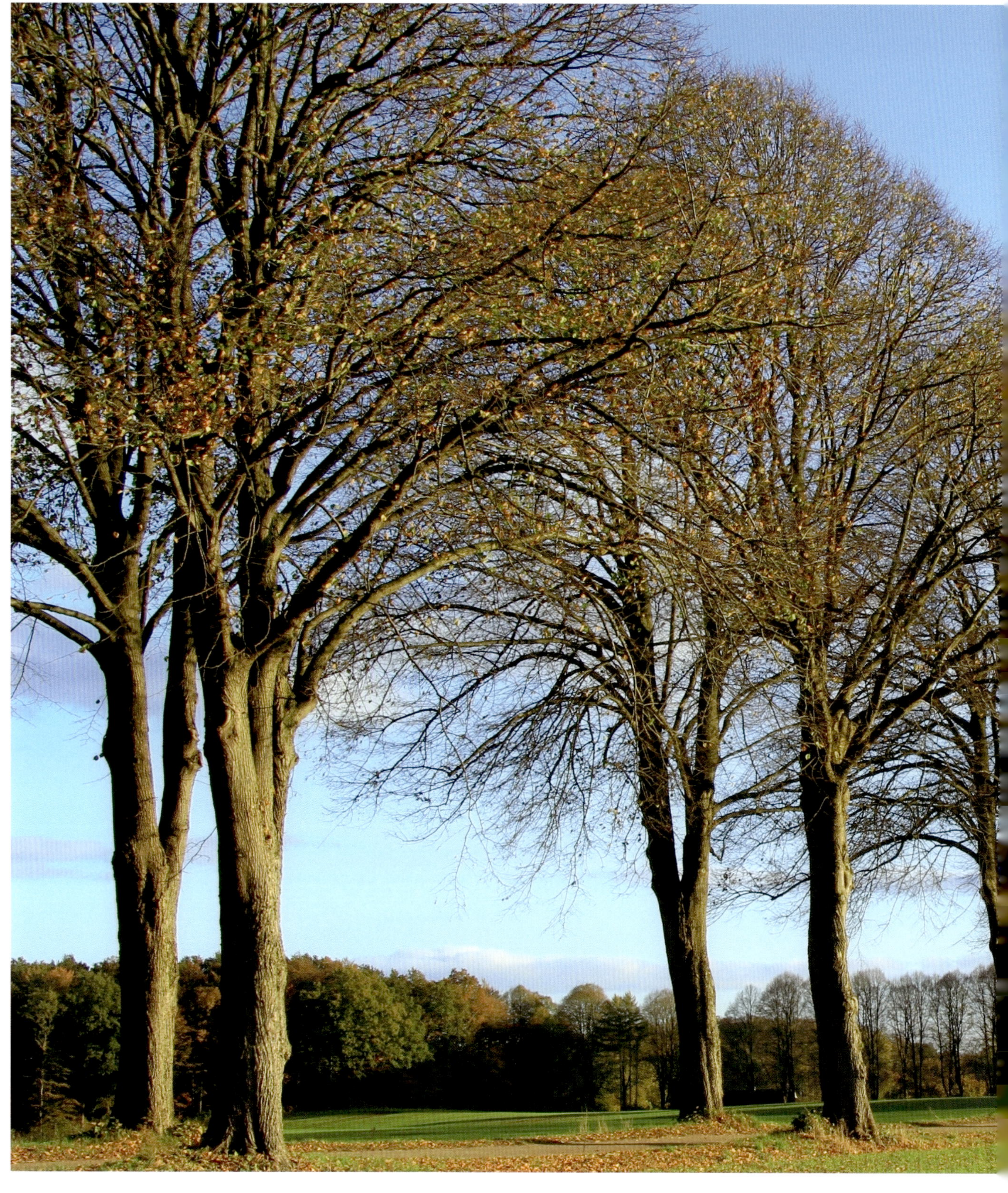

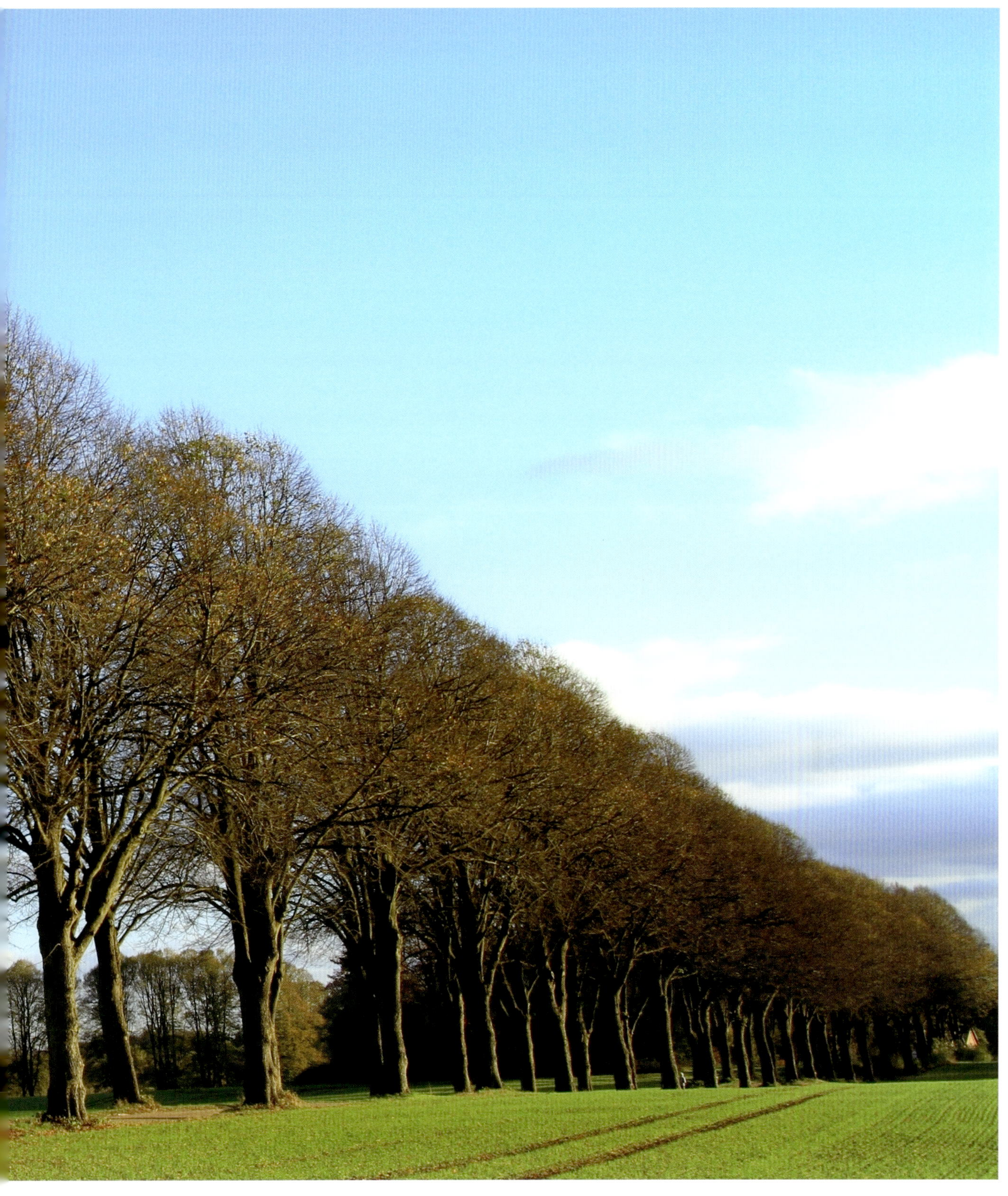

Lindenallee Rachut © Klaus Dürkop

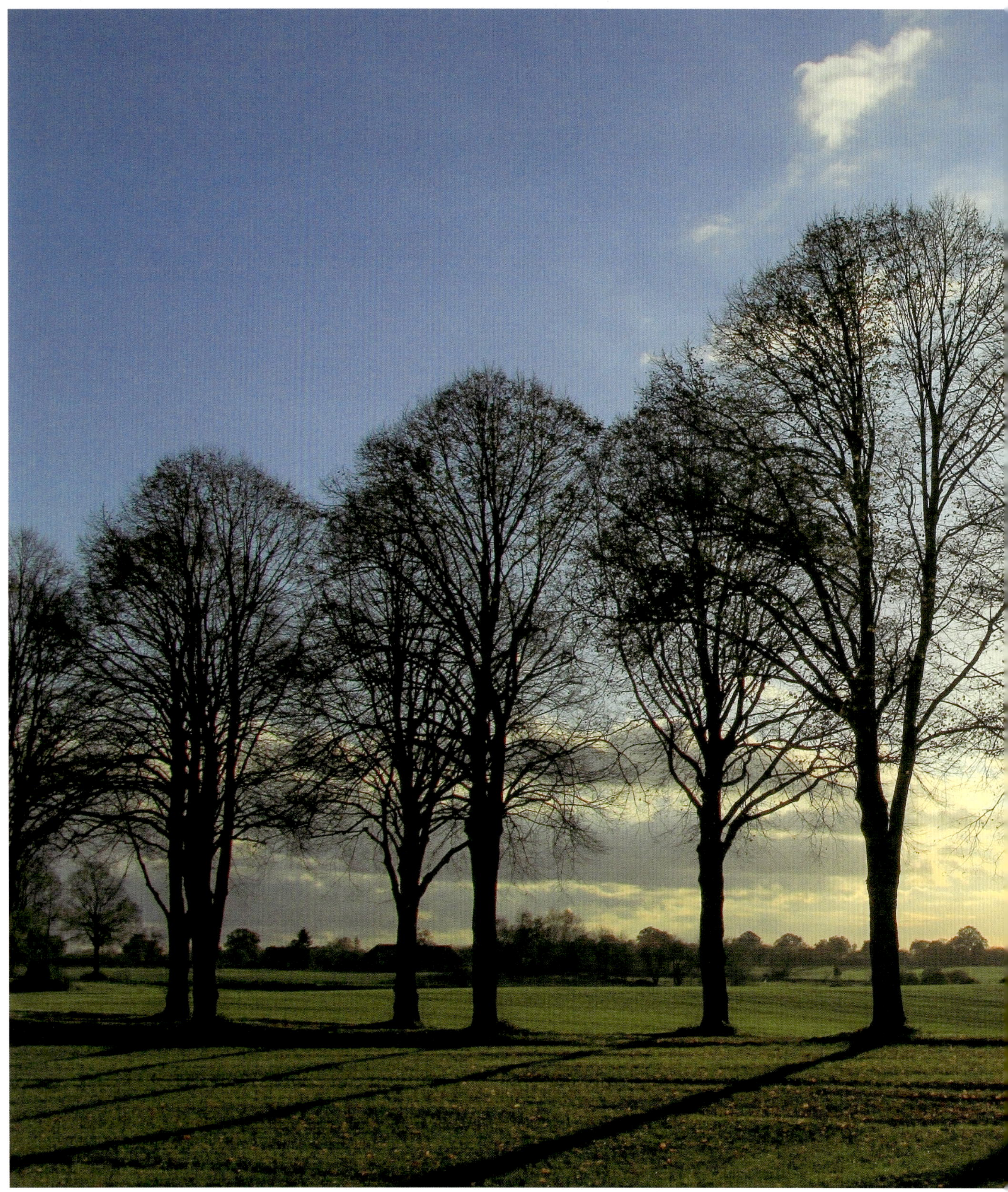

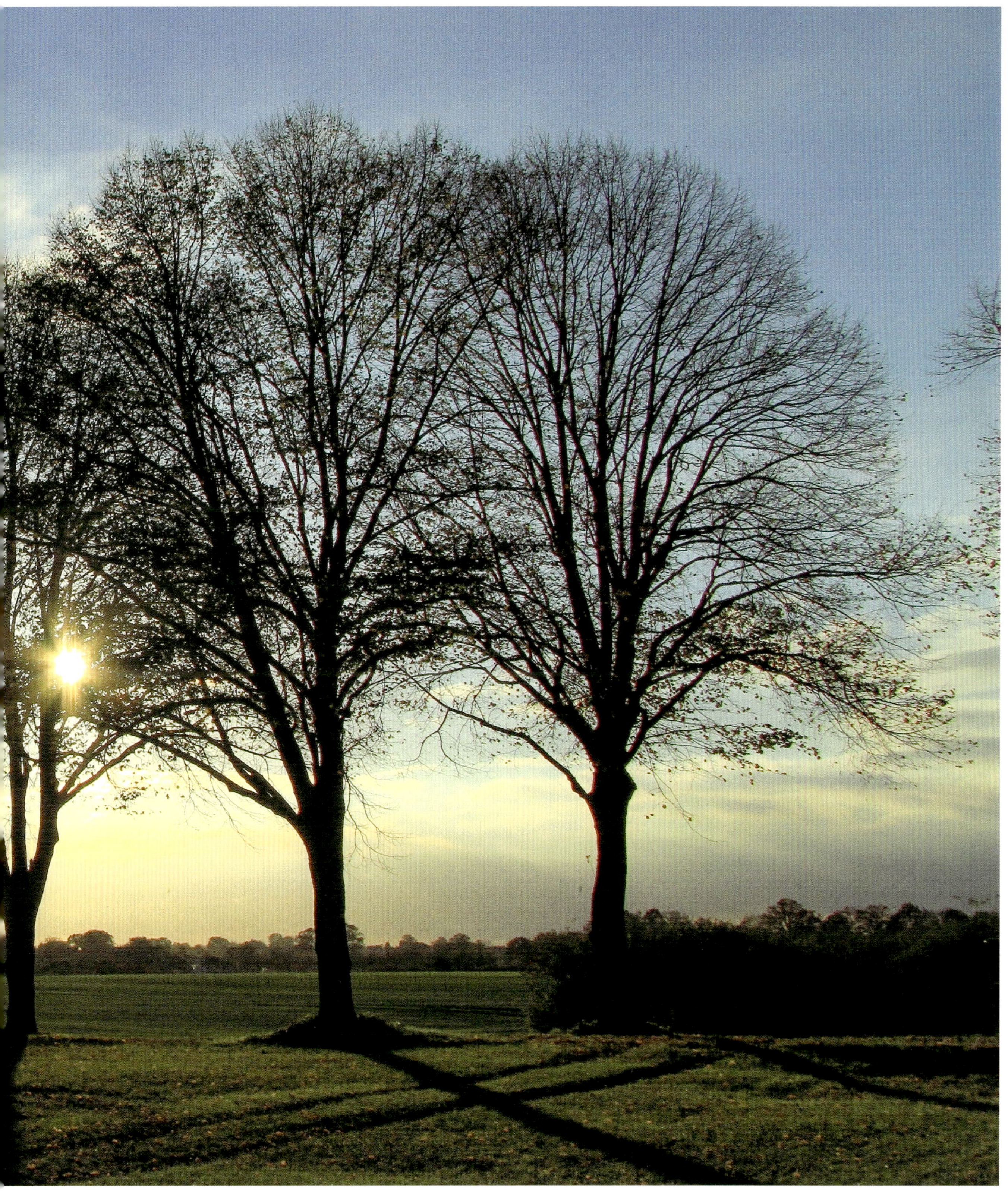

Lindenallee Vogelsang © Klaus Dürkop

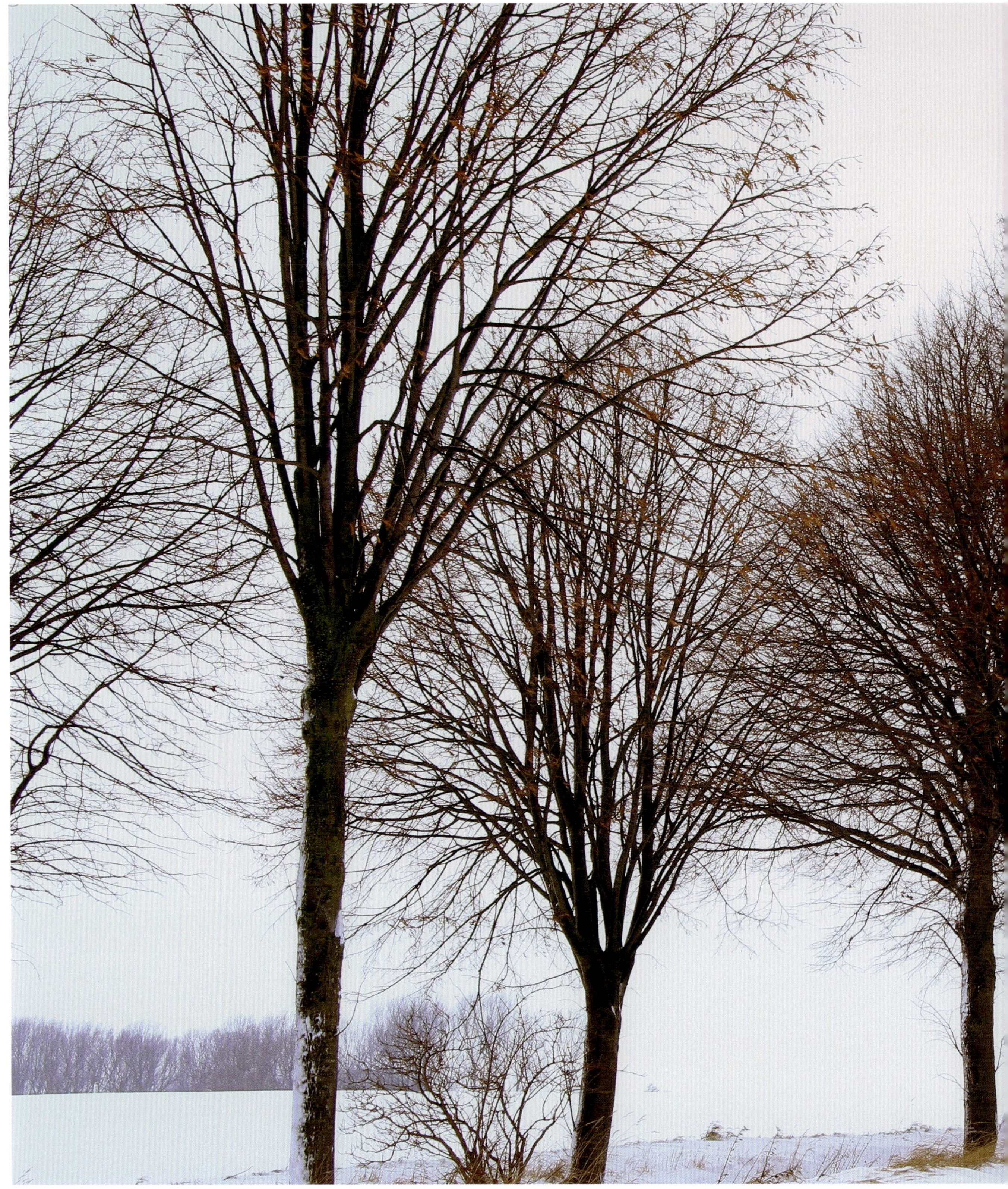

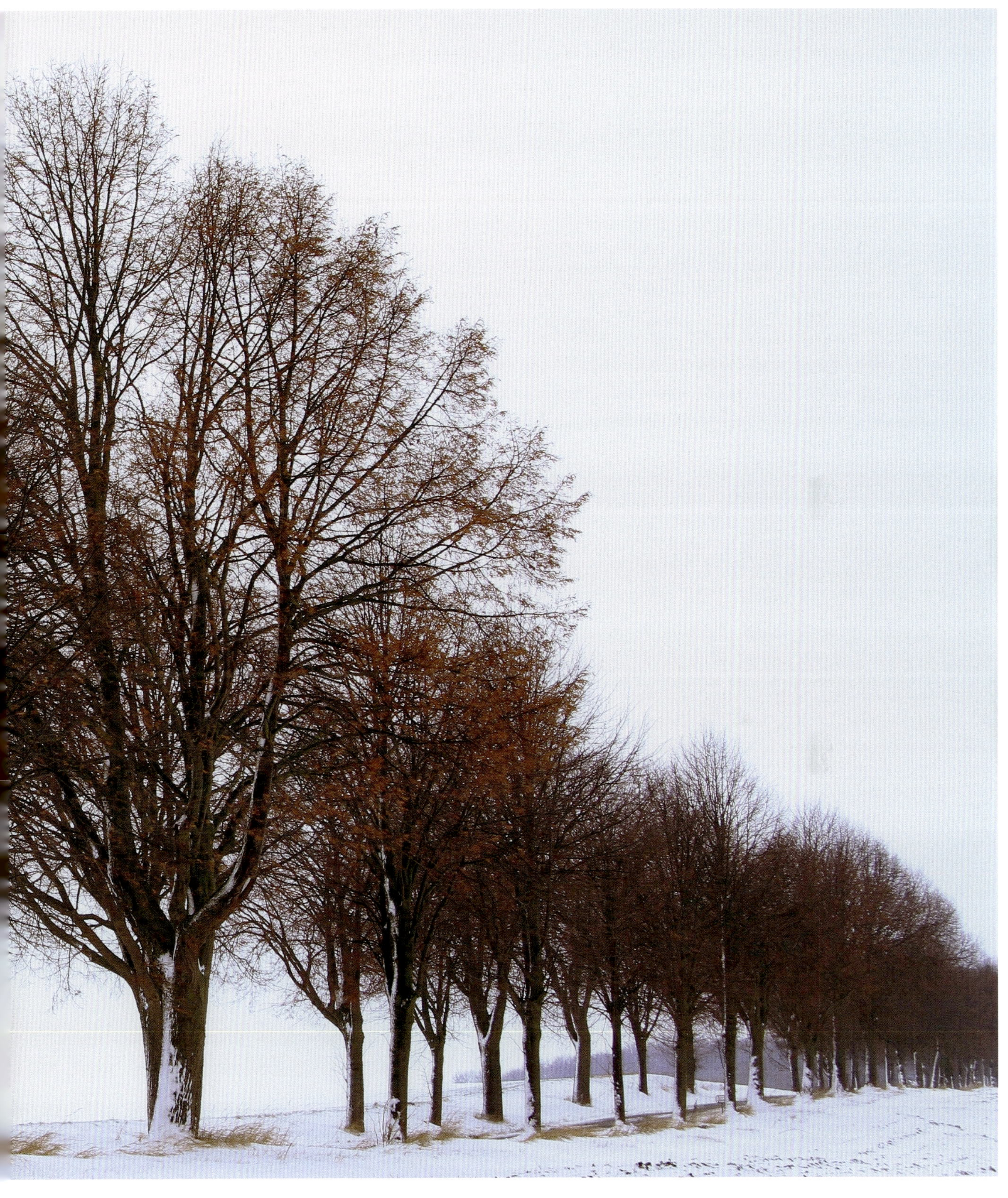

Lindenallee Siggen © Klaus Dürkop

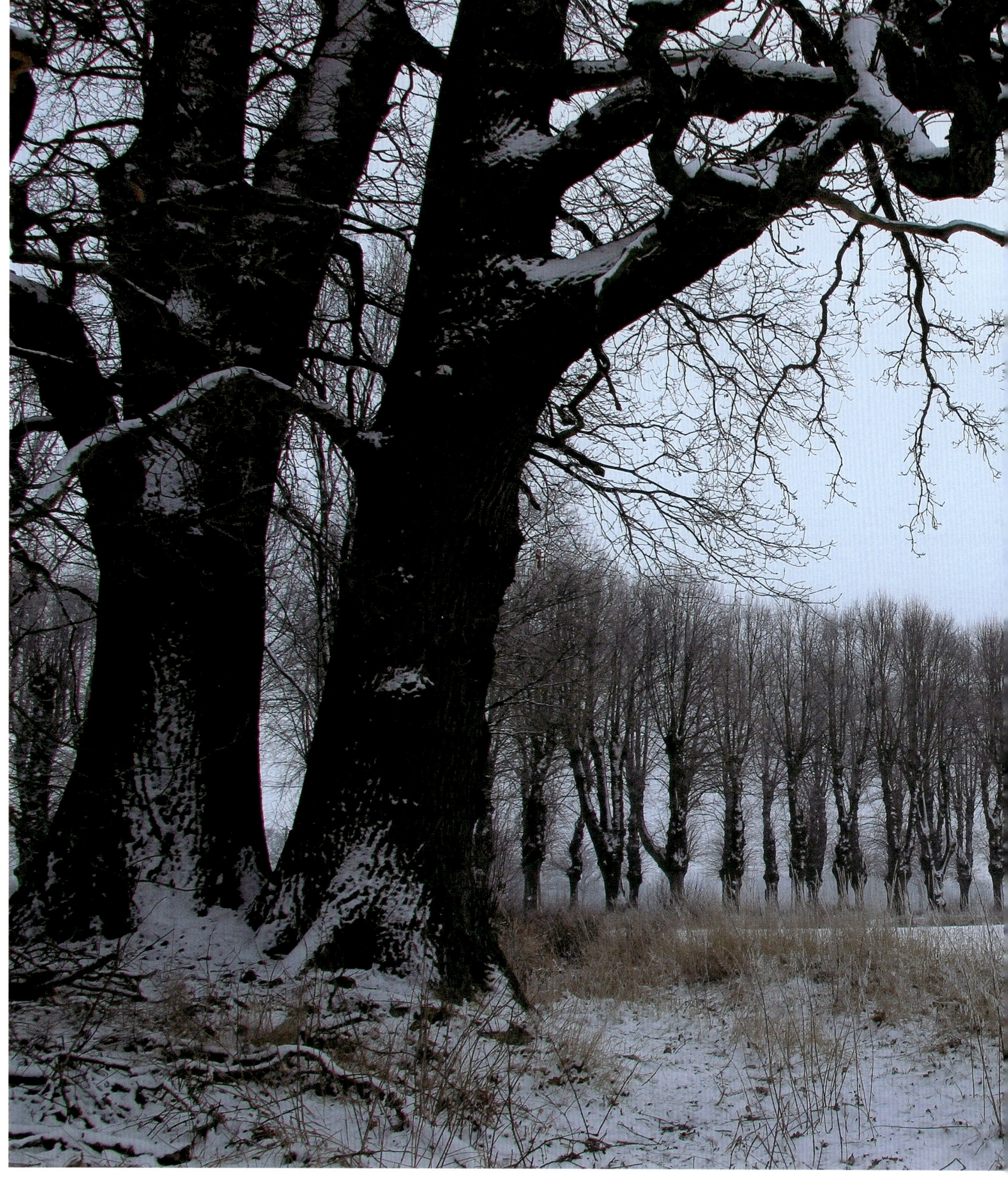

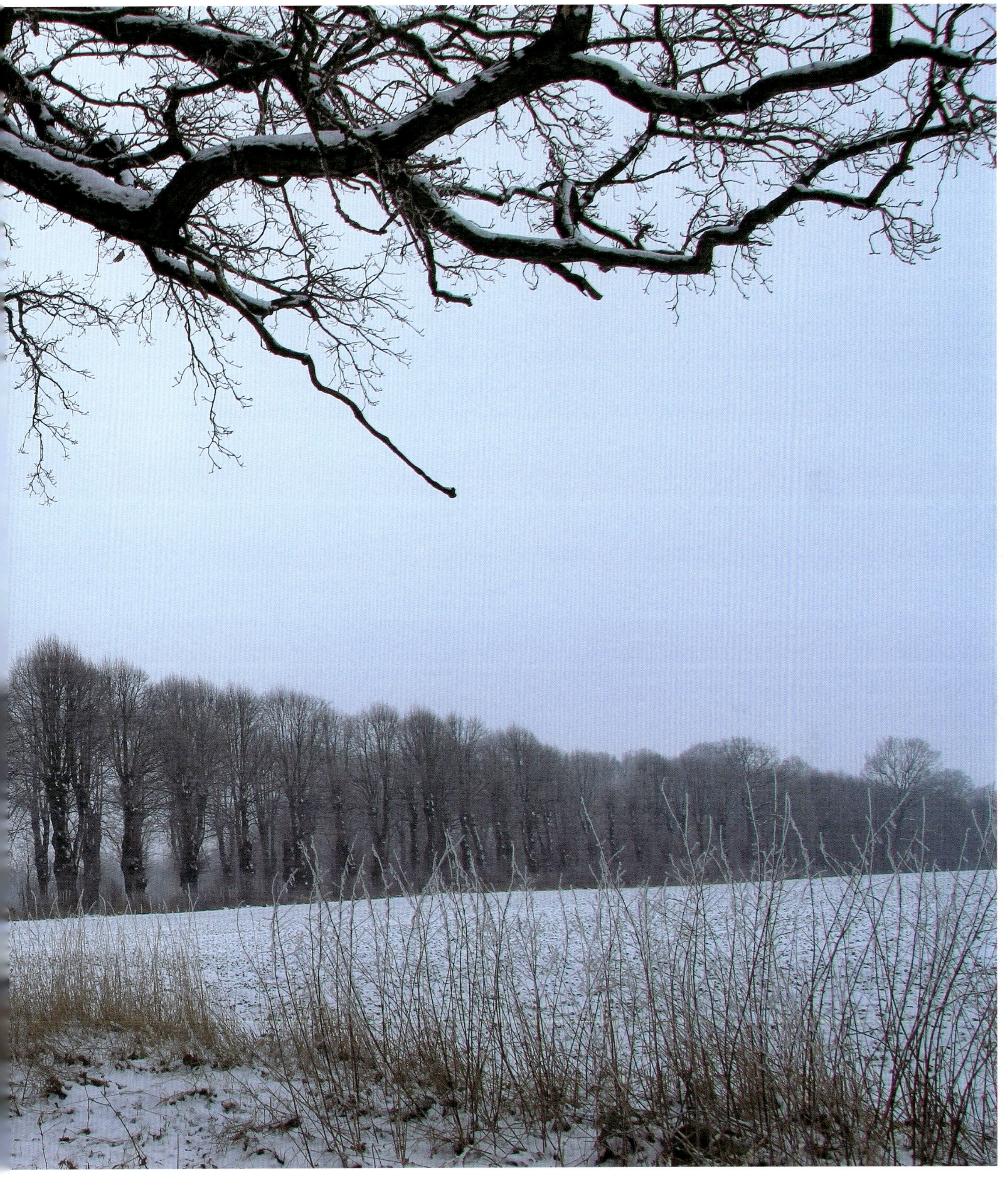

Straßenallee Jersbek © Klaus Dürkop

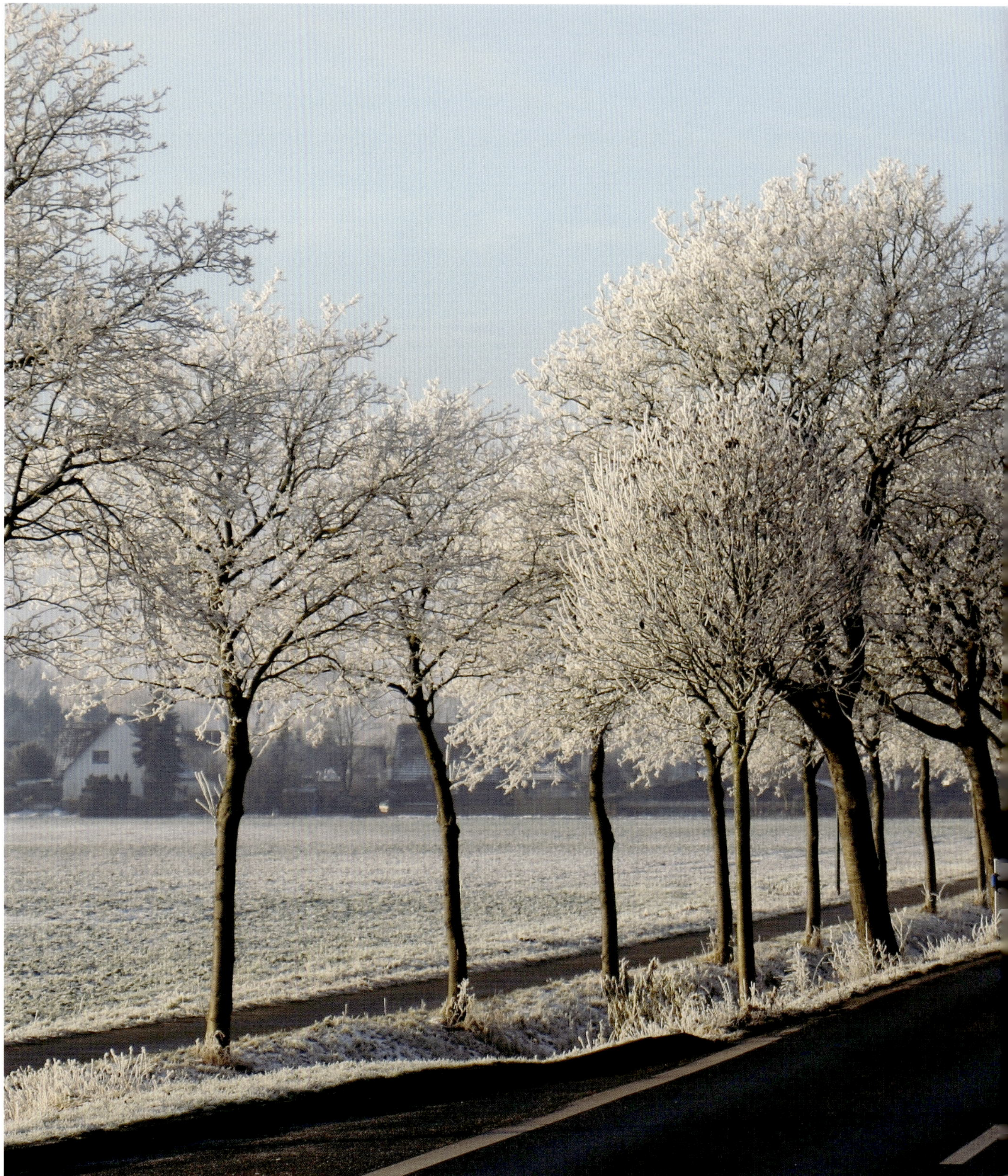

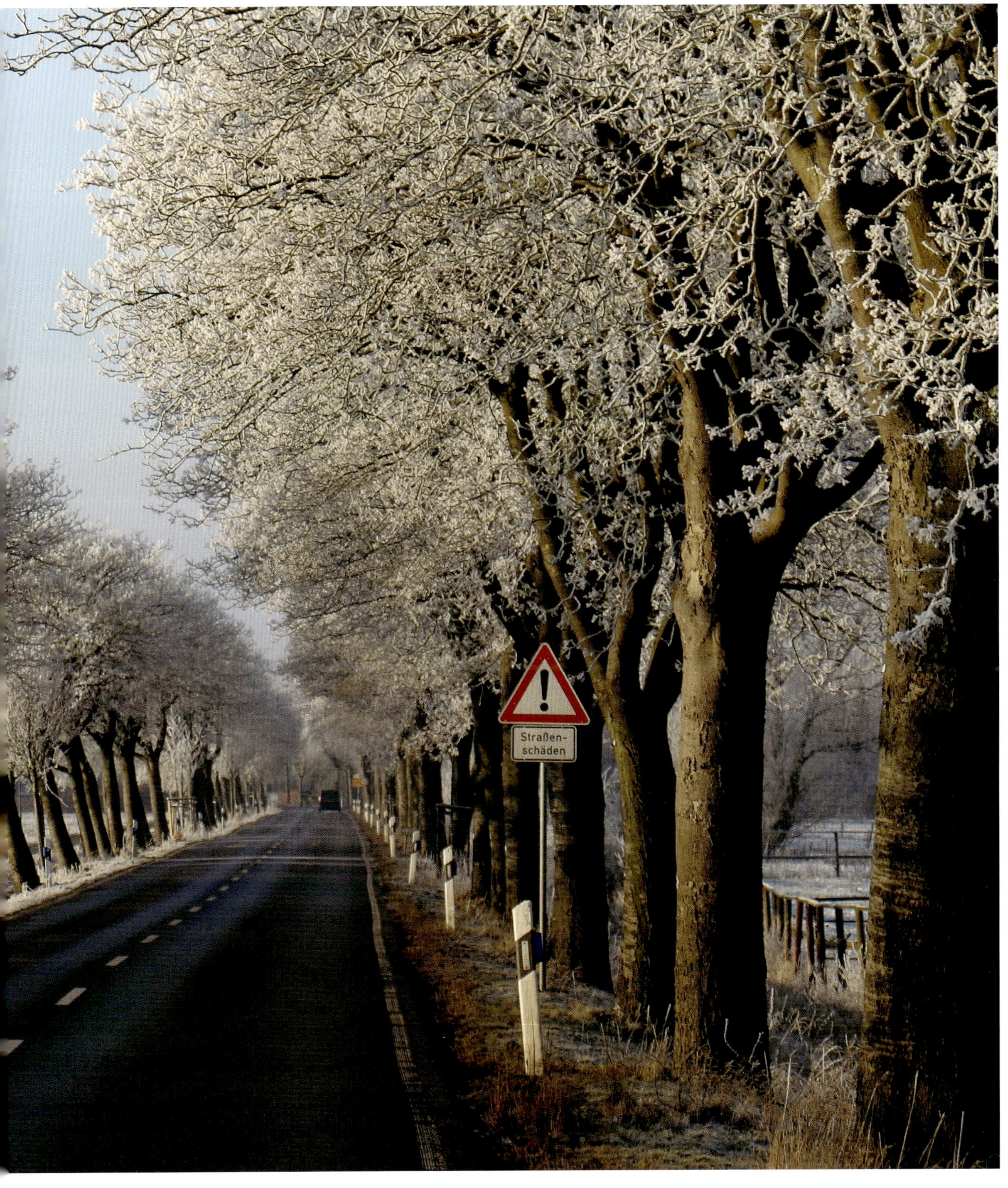

Schwedische-Mehlbeeren-Allee in Hetlingen © Peter Rahn

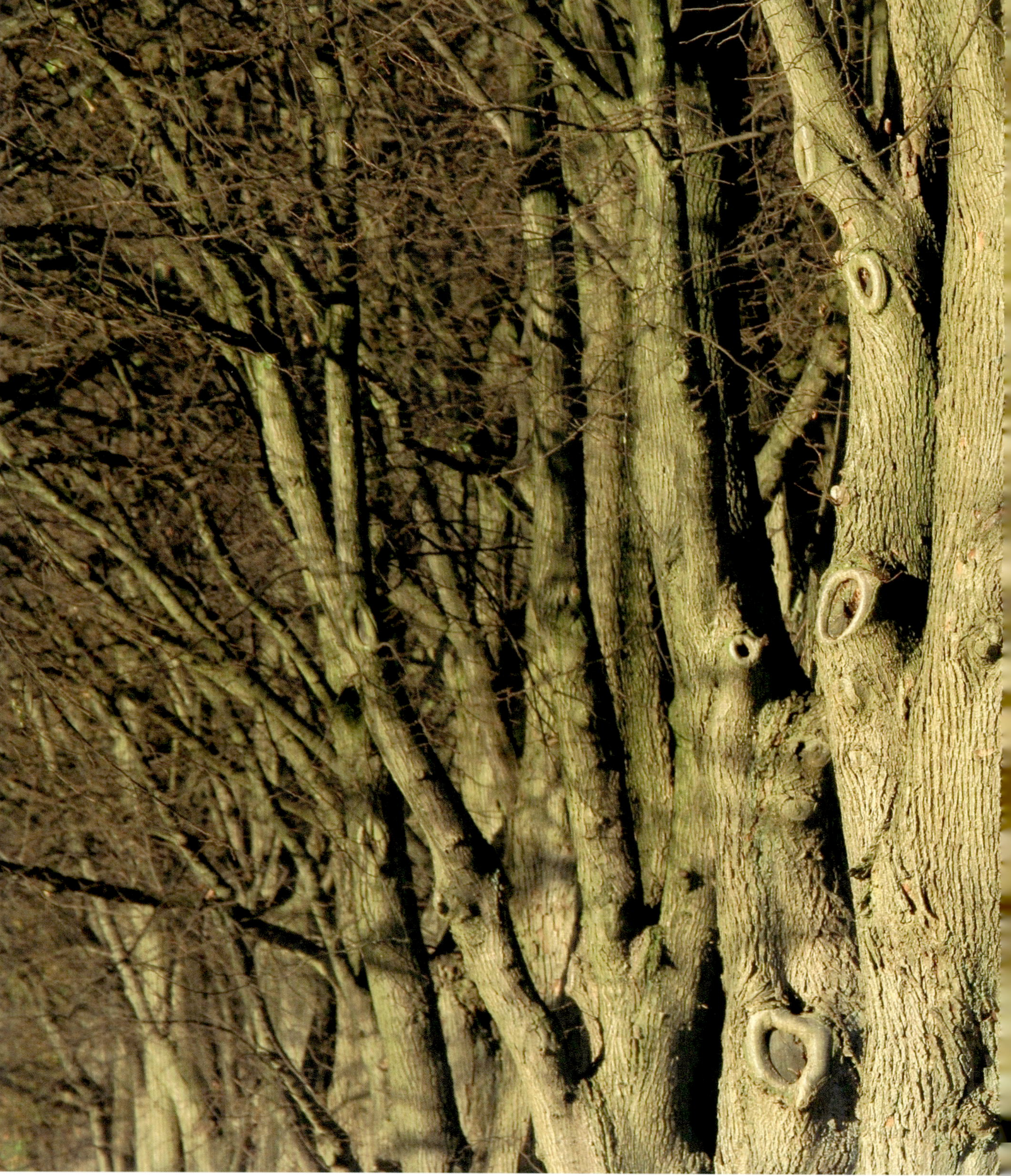

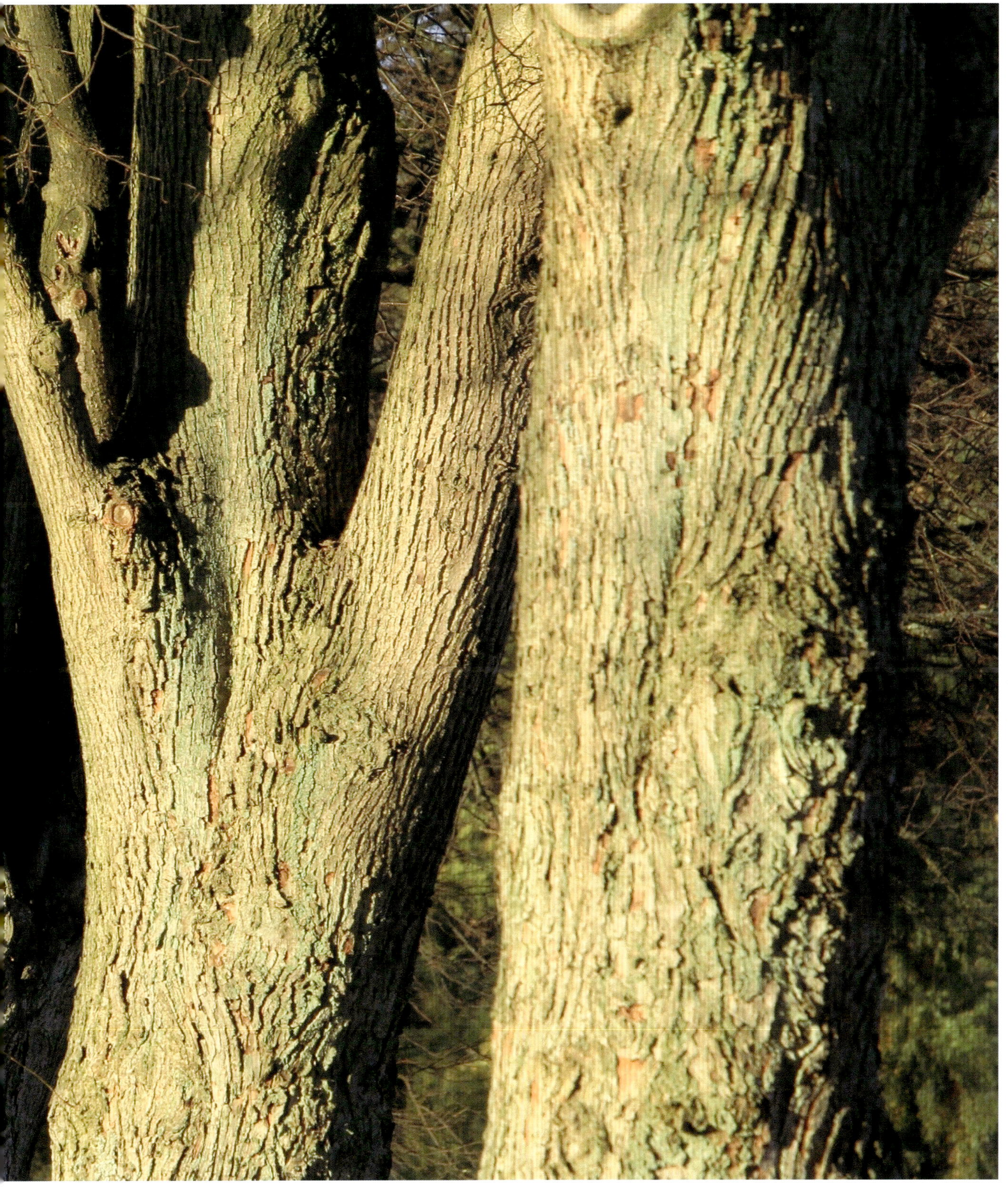

Lindenstämme Allee Rachut

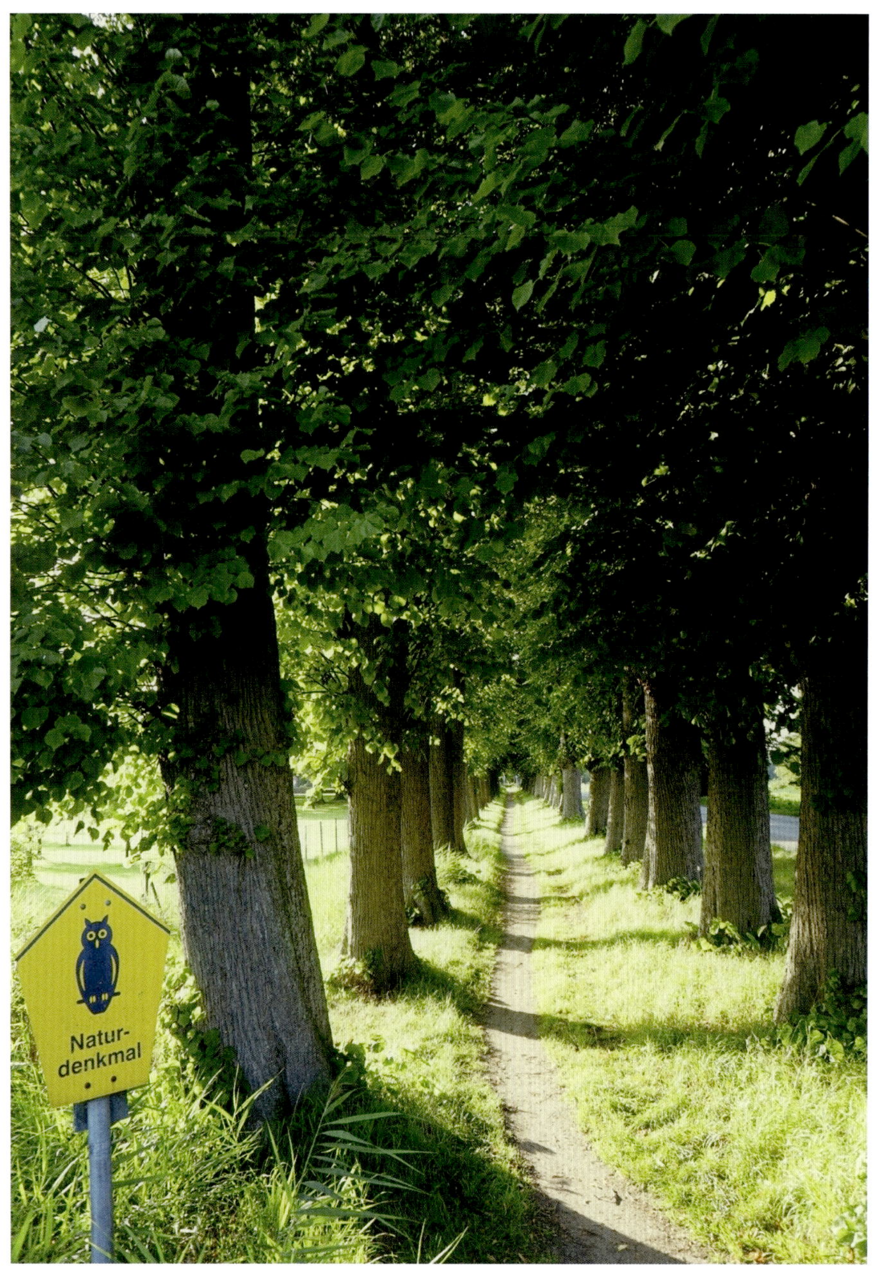

Fußgängerallee in Borstel © Holger Gerth

Alleen sind als Biotope geschützt

Einen gesetzlichen Schutz von Straßenbäumen und damit zugleich von Alleen gibt es in Schleswig-Holstein seit über 200 Jahren. In einem Edikt des dänischen Königs und Herzogs von Schleswig-Holstein Christian VII. von 1772 mit dem Titel »Daß niemand sich unterstehen solle, den an den Wegen und Landstraßen gepflanzten Bäumen einigen Schaden zuzufügen«, verbunden mit der »Verwarnung an muthwillige Frevler«, »daß der oder diejenigen, welche sich solches dennoch unterstehen sollten, unabbitterlich auf etliche Monathe mit der Zuchthaus-Strafe belegt werden sollten«.

Heute gelten für Alleen als wertvolle Elemente der menschlichen Landschaftsgestaltung die gesetzlichen Vorschriften des Naturschutz-, des Denkmal- und des Baurechtes. Alleen sind in Schleswig-Holstein als Biotope im Landesnaturschutzgesetz (LNatSchG) seit 2007 geschützt und damit u. a. den Heiden, Mooren und Knicks im Schutzstatus gleichgesetzt. Zerstörungen oder sonstige erhebliche Beeinträchtigungen von Alleen, die nachhaltig wirken, sind verboten. Zudem schützt das Denkmalschutzgesetz des Landes Schleswig-Holstein viele Alleen, die von kulturlandschaftlich prägendem Wert sind. Neben Alleen sind auch historische Parkanlagen, Friedhöfe und Gärten geschützt, sobald diese im Denkmalbuch erfasst sind. Hier sind nur Pflegemaßnahmen zugelassen, die den nachhaltigen Bestand sichern und die der Verkehrssicherheit dienen.

Alleen brauchen Freunde, Förderer und Finanziers

Lassen Sie uns unsere Alleen wieder in den Fokus der Öffentlichkeit und der Politik bringen, ihnen den Wert beimessen, der ihnen gebührt! Sie besitzen einen ganz besonderen ökologischen Wert in Bezug auf die Biodiversität und den Biotopverbund in einer zunehmend ausgeräumten Landschaft und in der Stadt. Sie tragen als wichtige Zeitzeugen dazu bei, unsere Geschichte auch in der Gegenwart noch sichtbar zu machen. Sie sind Teil unseres kulturhistorischen Erbes und damit auch eine emotionale Verbindung zu Menschen, Regionen, Orten – unserer Heimat. Wenn wir diesen Schatz erhalten wollen, dann brauchen wir nicht nur das Engagement Einzelner oder Gruppen, sondern die Zustimmung der breiten Öffentlichkeit. In diesem Sinne fordert die Jury des Alleenwettbewerbs, folgende Punkte zeitnah umzusetzen:

Strukturen im Sinne einer interdisziplinären Interessenvertretung schaffen, die für den Alleenschutz in Schleswig-Holstein verantwortlich sind, mit dem Ziel, eine größere Verbindlichkeit in der nachhaltigen Erhaltung bestehender Alleen durch Pflegemaßnahmen, Lückennach- und Neupflanzungen zu erreichen und die Arbeit zu verstetigen.

Bereitstellung finanzieller Mittel sowohl für die fachgerechte Pflege als auch für Nach- und Neupflanzungen von Alleen, z.B. durch die Gründung eines Alleenfonds nach dem Beispiel von Mecklenburg-Vorpommern. Diese Pflege muss ein Konsens zwischen Natur- und Denkmalschutz sowie Verkehrssicherungspflichten sein und in einem wirksamen Management der Allee- und anderer Straßenbäume münden.

Einen Bewusstseinswandel bezüglich der Sicherheitserwartungen, die an Straßen in Bezug auf die Baumabstände gemäß der Richtlinien für passiven Schutz an Straßen durch Fahrzeug-Rückhaltesysteme (RPS) gestellt werden.

Stärkung des Verantwortungsbewusstseins der Straßenbaulastträger durch gezielte Informationen und Schulungen zur Bedeutungsvielfalt und Lebensgrundlage von Alleebäumen und zu naturschutzfachlichen Zusammenhängen.

Gemeinsam für unsere Alleen unterzeichnen

Dipl.-Ing. agr. Dagmar Andresen, Projektleitung SHHB-Alleenwettbewerb, StenzelConsult; Dipl.-Ing. Landschaftsplanung Dirk Abts, Leitung AG der Friedhofsbeauftragten in der Nordkirche; Johann Böhling, Schutzgemeinschaft Deutscher Wald; Prof. Dr. Holger Gerth, stellvertretender Präsident des SHHB, Landesbeauftragter für Naturschutz; Fritz Heydemann, NABU SH; Martin Hüfner, Fachverband Garten-, Landschafts- und Sportplatzbau; Daniel Kiewitz, Referent Schleswig-Holsteinischer Gemeindetag; Margita Meyer, Landesamt für Denkmalschutz Schleswig-Holstein; Ernst-Wilhelm Rabius, Staatssekretär a.D., Vorsitzender Gesellschaft zur Erhaltung historischer Gärten in S-H e.V.; Schirmherrin Dr. Juliane Rumpf, stellvertretende Präsidentin des SHHB, Ministerin für Landwirtschaft, Umwelt und ländliche Räume a.D.; Dr. Frank Schoppa, Landesverband Schleswig-Holstein im Bund deutscher Baumschulen e.V.; Peter Stoltenberg, Präsident des SHHB; Matthias Werner, Landesbetrieb Straßenbau und Verkehr Schleswig-Holstein.

Das Engagement des Schleswig-Holsteinischen Heimatbundes (SHHB)

Der SHHB wurde im Jahre 1947 von Heimatverbänden in Schleswig-Holstein gegründet. Zudem sind unter anderen Plattdeutsche Vereine, Trachtengruppen, Kommunen und Landkreise Mitglieder in diesem Dachverband, der aus 220 Vereinen und Verbänden besteht und der sich für die Belange der Heimat in dem nördlichsten Bundesland einsetzt. Er ist kein Zusammenschluss von Vertriebenenverbänden, die sich an ihre Heimat im Osten erinnern wollen.

Die Kernaufgaben des SHHB, der seinen Sitz in Molfsee bei Kiel neben dem Freilichtmuseum hat, sind neben der Bewahrung von Traditionen für zukünftige Generationen der Erhalt unserer Sprachenvielfalt, unserer vielfältigen Kulturlandschaft sowie die Denkmalpflege. Gleichermaßen von Bedeutung ist für den SHHB in diesem Kontext der Naturschutz mit seinen vielfältigen Landschaftselementen. Hierbei steht unter anderem die Knicklandschaft mit ihren prägenden Verbindungslinien stark im Fokus, die einen hohen Naturschutzwert haben. Der SHHB hat in den letzten 15 Jahren zwei landesweite Wettbewerbe mit der Förderung seitens der »BINGO! Die Umweltlotterie« um den bestgepflegten Knick durchgeführt. Darauf aufbauend hat der SHHB initiiert, dass die traditionelle Knickpflege als immaterielles Kulturerbe in das bundesweite Verzeichnis bei der Deutschen UNSECO-Kommission aufgenommen wurde. Zudem hat sich der SHHB mit weiteren Naturschutzthemen befasst, die für Schleswig-Holstein von Bedeutung sind. Hier sind beispielsweise Alleen, Bauernwälder oder Gewässerrandstreifen zu nennen.

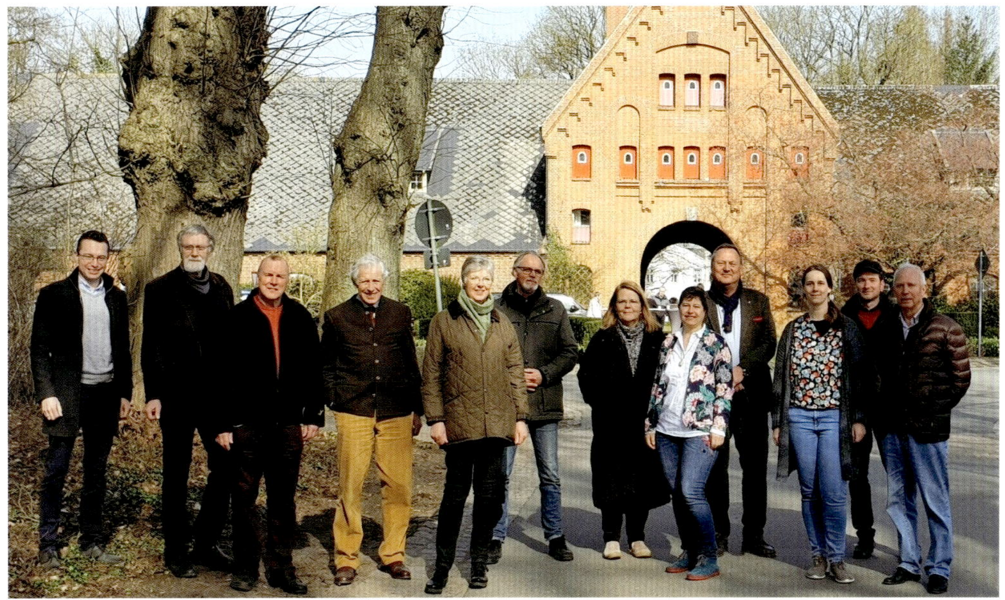

Jury des Alleenwettbewerbs 2022 © Danica Rehder SHGT

Der SHHB engagiert sich seit vielen Jahren für den Erhalt der Alleen als landschaftsbestimmende Elemente unserer traditionellen Kulturlandschaft in Schleswig-Holstein mit folgenden Initiativen, die von »BINGO! Die Umweltlotterie« maßgeblich finanziell unterstützt wurden:

- Chaussee Altona-Kiel, seit 2008 Wiederherstellung der Allee mit Baumnachpflanzungen nach alten Plänen
- Alleenwettbewerbe in den Jahren 2010 und 2022 mit Präsentation der schönsten Alleen in Schleswig-Holstein durch eine kompetente Fachjury
- Arbeitskreis Alleen seit 2021 mit Experten aus verschiedenen Fachbereichen als Ideenschmiede für die Zukunftssicherung unserer Alleen
- Öffentlichkeitsarbeit zum Thema Alleen – u. a. mit diesem Buch.

Literatur- und Quellenverzeichnis

1 Brückmann, Katharina (Hrsg.): Alleen in Europa, 2017.

2 Hennings, Burkhard von; Kautzky, Heinrich: Die Chaussee Altona – Kiel: Die erste Kunststraße in Schleswig-Holstein, Beiträge zur Denkmalpflege in Schleswig-Holstein, Bd. 4, 2015.

3 Lafrenz, Deert, Landesamt für Denkmalpflege und der Gesellschaft für Schleswig-Holsteinische Geschichte (Hrsg.): Gutshöfe und Herrenhäuser in Schleswig-Holstein, 2015.

4 Landesamt für Landwirtschaft, Umwelt und ländliche Räume des Landes Schleswig-Holstein, Landesamt für Denkmalpflege, Institut für Baumpflege Hamburg (Hrsg.): Historische Alleen in Schleswig-Holstein: geschützte Biotope und grüne Kulturdenkmale – Abschlusspublikation des DBU-geförderten Modellprojektes 2005–2009; 2009.

5 Landesamt für Landwirtschaft, Umwelt und ländliche Räume des Landes Schleswig-Holstein (Hrsg.): Die Inventur der Natur, Ergebnisse der landesweiten Biotopkartierung 2014–2020; 2022.

6 Lau, Nina: Der Gottorfer Barockgarten

7 Lehmann, Ingo; Rohde, Michael (Hrsg.): Alleen in Deutschland, 2006.

8 Schutzgemeinschaft Deutscher Wald Landesverband Schleswig-Holstein e.V. (Hrsg.): Alleen und benachbarte Kultur in Schleswig-Holstein, 2008.

9 Werner, Matthias: Alleen in Schleswig-Holstein – Erhaltung, Nachpflanzung, Neupflanzungen. Vortrag im Rahmen der Alleentagung »Alleen – unser Naturkulturerbe« der Schutzgemeinschaft Deutscher Wald, 2012.

A) www.altona-kiel.de/
B) www.gemeinde-ruhwinkel.de/kulturhistorische-orte/schoenboeken-lindenallee
C) www.geschichte-s-h.de/sh-von-a-bis-z/g/gut/
D) www.gottorfer-globus.de/de/der-barockgarten
E) www.jersbeker-park.de/
F) www.schloss-eutin.de/schloss-gaerten/schlossgarten/
G) www.seestermuehe.de/infos/lindenallee-seestermuehe.html

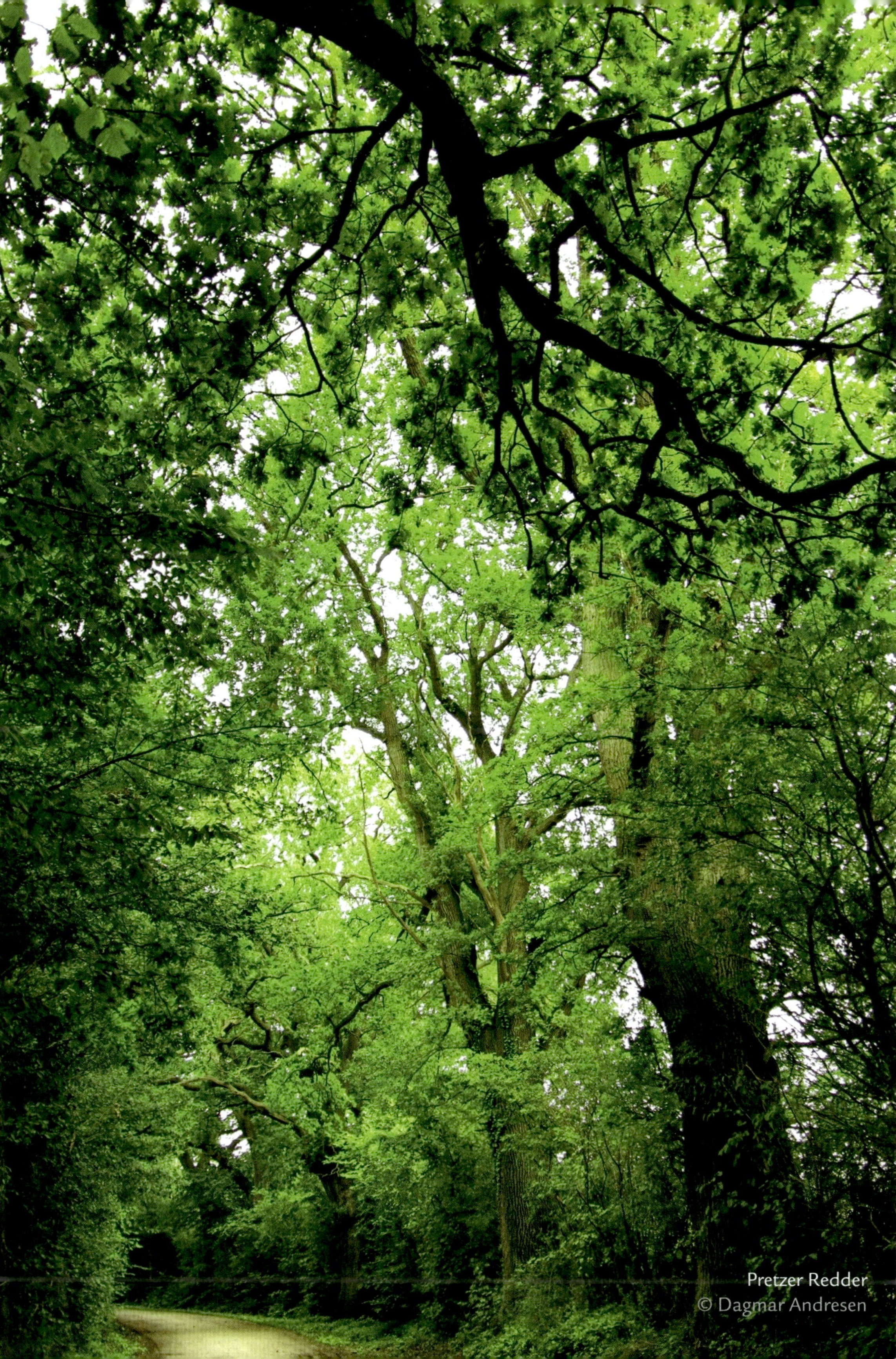

Pretzer Redder

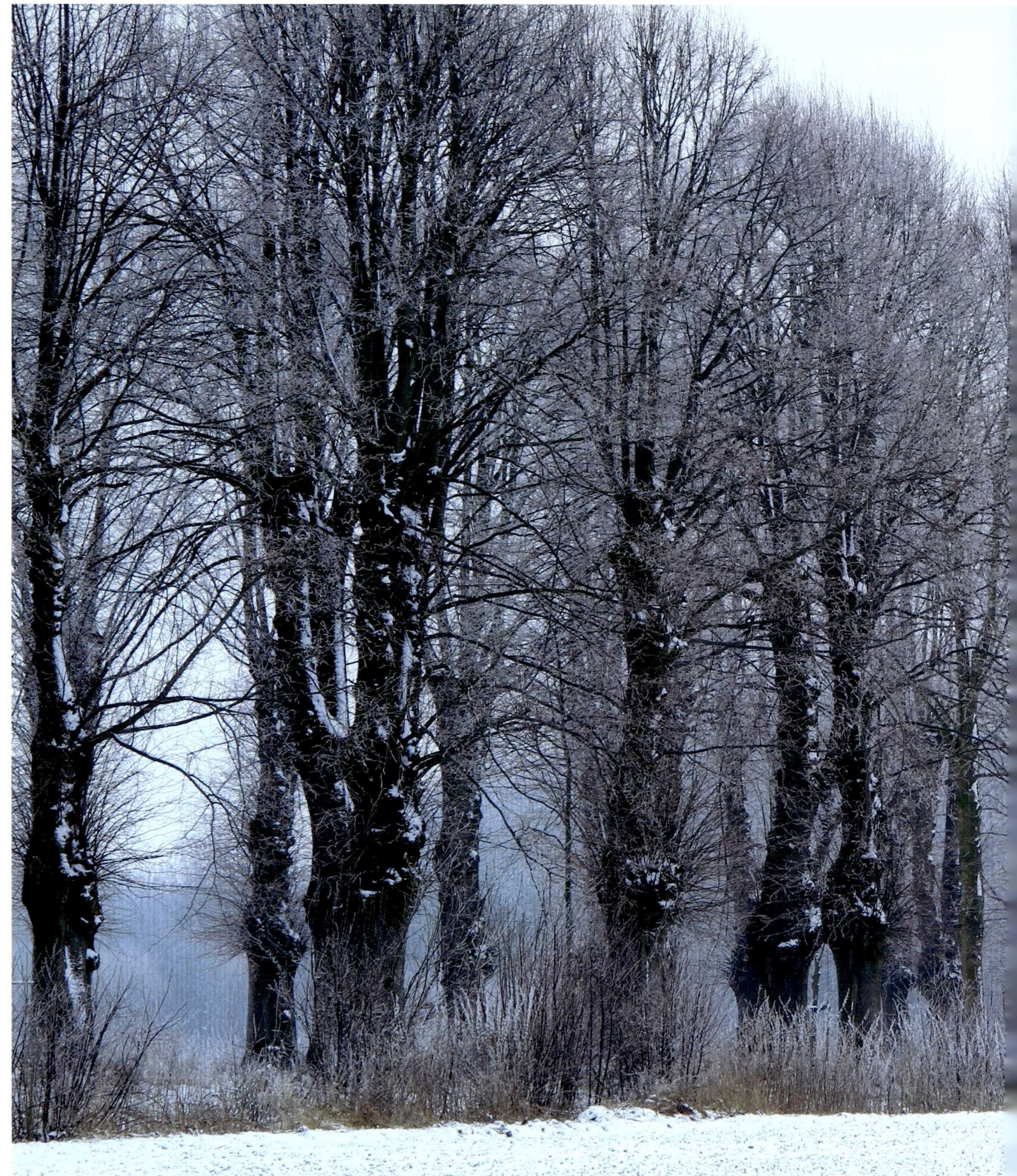

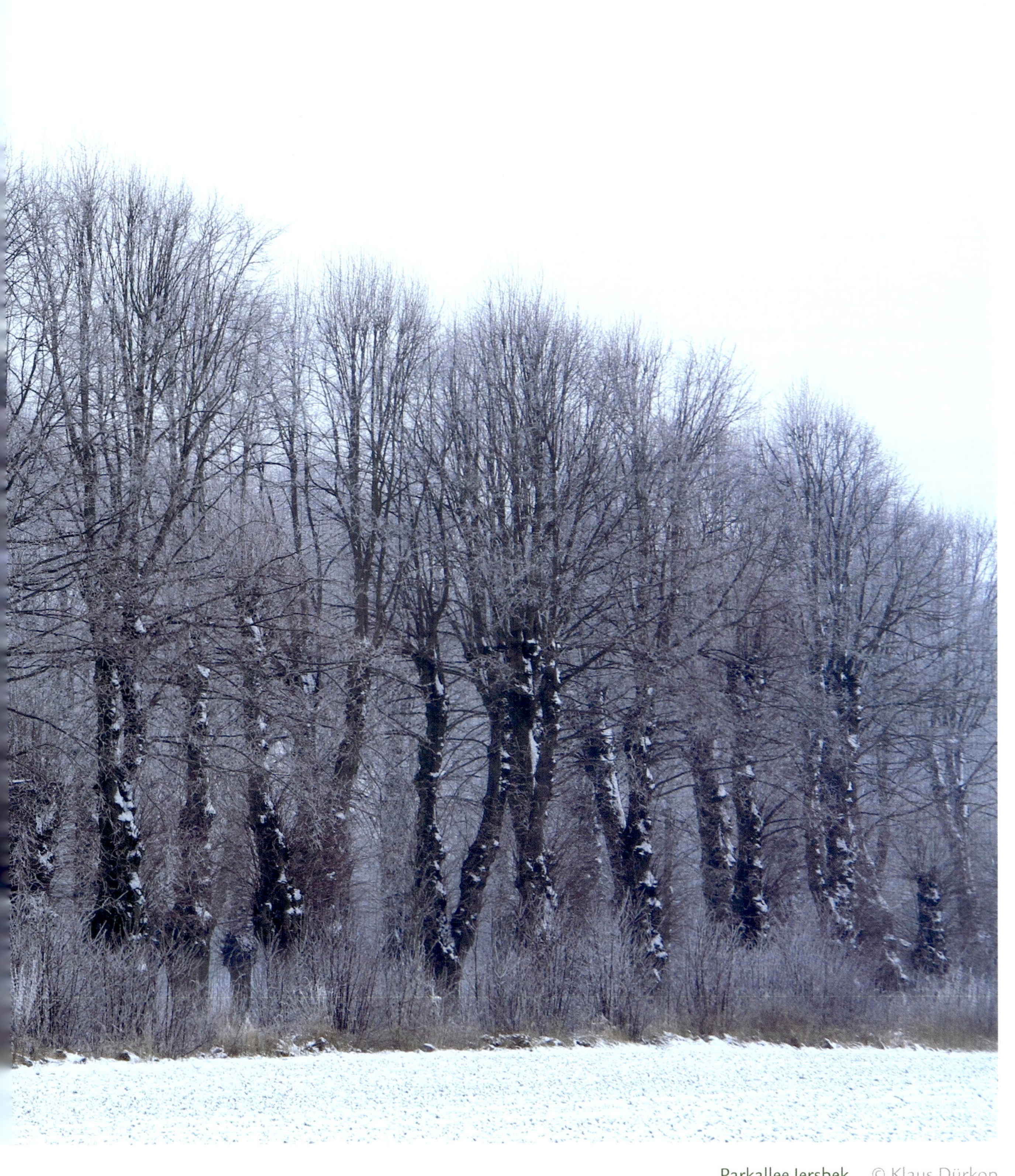

Parkallee Jersbek © Klaus Dürkop

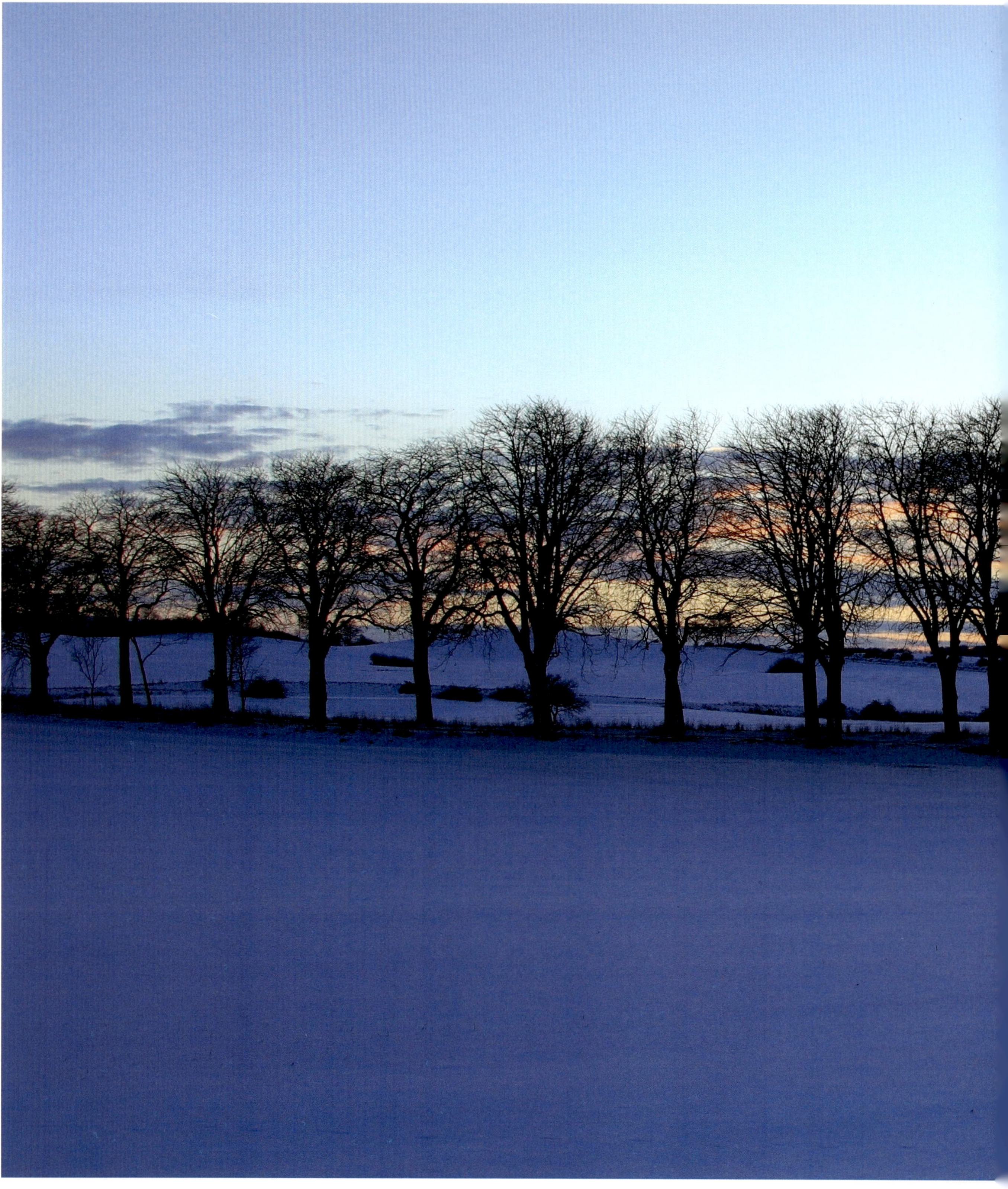

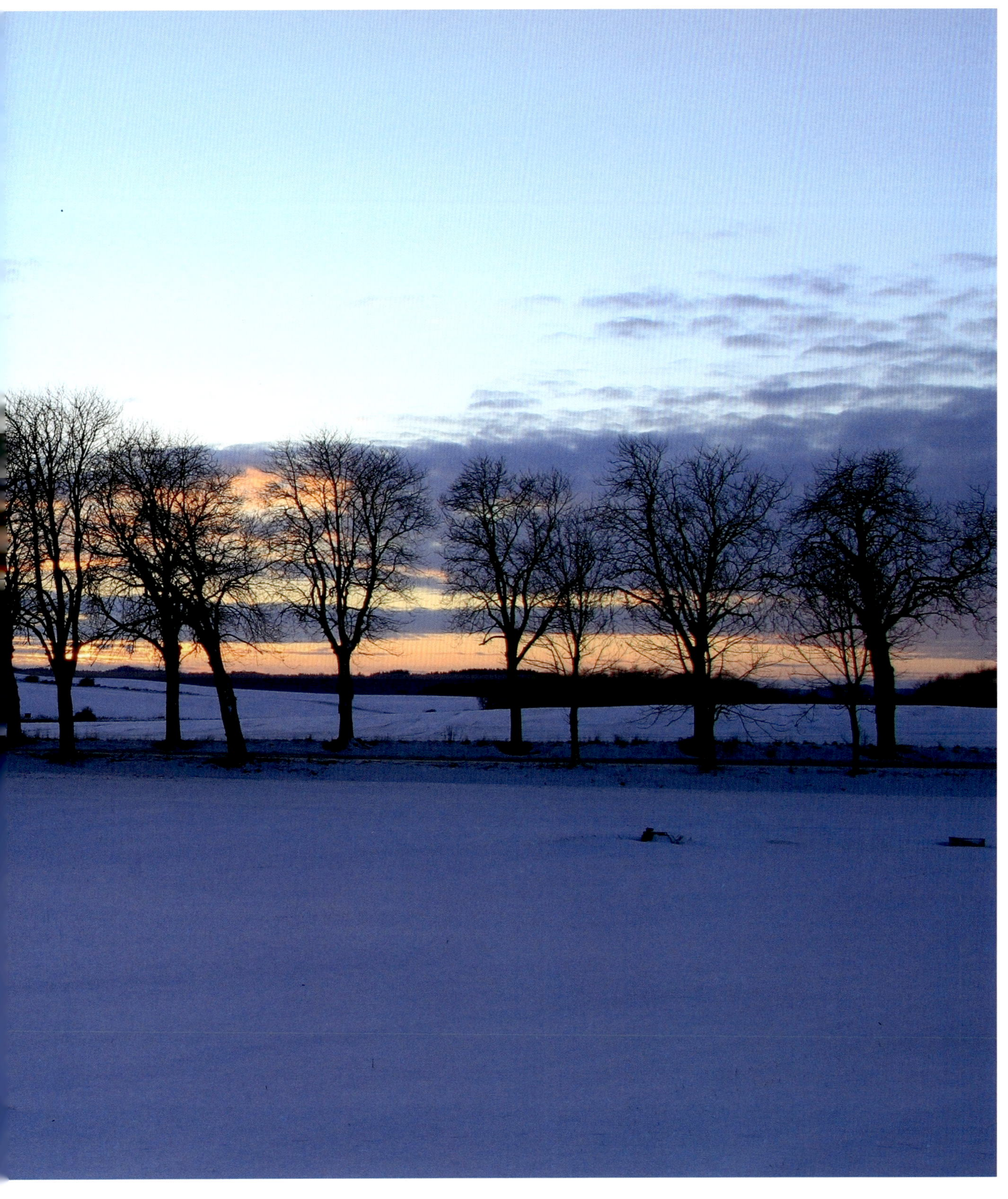

Allee Vogelsang © Klaus Dürkop

Über die Autoren

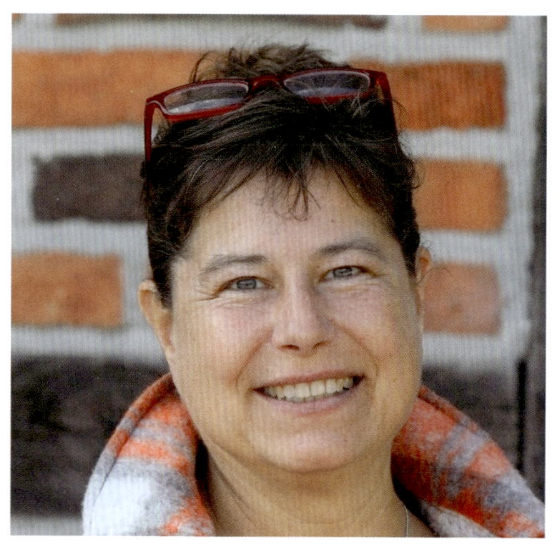

Dipl.-Ing. agr. **Dagmar Andresen** wurde 1966 in Niedersachsen geboren und ist in der Nähe von Hannover aufgewachsen. Nach dem Abitur absolvierte sie eine Berufsausbildung zur Baumschulgärtnerin. Im Anschluss folgte das Studium der Agrarwissenschaften im Fachbereich Gartenbau an der Universität Hannover sowie studienbegleitend weiterhin die aktive Arbeit in der Baumschule.

Der Berufseinstieg von Dagmar Andresen fand in der DEULA SH GmbH als Technische Lehrerin statt. Es folgten Tätigkeiten bei der LC Landwirtschafts-Consulting GmbH in der Umweltplanung sowie als ausgebildete Qualitätsauditorin. Anschließend übernahm sie die Leitung des Qualitätsmanagements beim Gemüseanbauerverband Dithmarschen und beim Maschinenring Dithmarschen mit dem Arbeitsschwerpunkt der Implementierung und Aufrechterhaltung von verschiedenen QM-Systemen für Landwirte sowie Großhandelsunternehmen. Die Unternehmensberatung sozialer Einrichtungen als Bereichsleitung bei der Genossenschaft der Werkstätten für behinderte Menschen in Norddeutschland (gdw nord) erweiterte ihr Kompetenzspektrum.

Seit Anfang 2021 agiert Dagmar Andresen mit ihrer Firma StenzelConsult als selbstständige Unternehmensberaterin. Die Schwerpunkte ihrer Tätigkeit umfassen Arbeitssicherheit, Qualitäts- und Projektmanagement in den Bereichen

Landwirtschaft, soziale Einrichtungen sowie Natur und Umwelt. In diesem Zusammenhang ist sie seit Frühjahr 2021 für den Schleswig-Holsteinischen Heimatbund (SHHB) als Projektleiterin für die Alleenprojekte tätig.

Im Auftrag des SHHB engagiert sich Dagmar Andresen ehrenamtlich für den Natur- und Umweltschutz im Vorstand des Landesnaturschutzverbandes Schleswig-Holstein e. V. (LNV) sowie als Vorsitzende des Umweltausschusses des SHHB.

In der Freizeit verbringt sie viel Zeit in der Natur: in ihrem vielseitig gestalteten ökologischen Garten, beim Wandern und bei der Beobachtung von Vögeln. Neben der Leidenschaft für Gärten und die Natur werden Familie und Freunde mit köstlichen Kreationen aus der Küche verwöhnt.

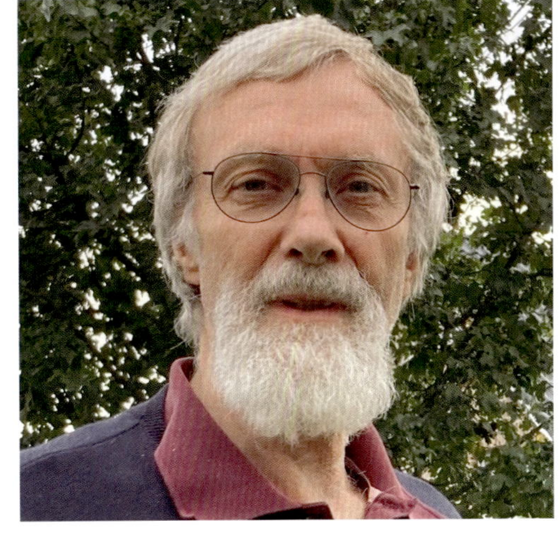

Prof. Dr. Holger Gerth ist in Schönböken im Kreis Plön auf einem landwirtschaftlichen Betrieb an einer historischen Allee aufgewachsen und lebt heute noch dort mit seiner Familie. Er hat an der Christian-Albrechts-Universität in Kiel Agrarwissenschaften studiert und dort mit einem agrarökologischen Thema promoviert. Nach langjähriger Tätigkeit an der Landwirtschaftskammer Schleswig-Holstein als Abteilungsleiter für Natur- und Umweltschutz sowie als Geschäftsführer einer Kammertochter mit dem Aufgaben Schwerpunkt Landschaftsplanung war er von 2006 bis 2022 an der Fachhochschule Kiel, Fachbereich Agrarwissenschaften als Honorarprofessor mit den Themen Nachhaltigkeit sowie Natur- und Umweltschutz tätig.

Naturverbundenheit prägt ihn seit Jahrzehnten. So engagierte Holger Gerth sich früh für Naturschutz und Artenvielfalt in seinem Umfeld. Vor 40 Jahren gründete er in seiner Heimatgemeinde Ruhwinkel, wo er zwölf Jahre als ehrenamtlicher Bürgermeister wirkte, einen Naturschutzverein, der ein örtliches Naturschutzgebiet betreut und mit Themen des Natur- und Umweltschutzes Mitbürger begeistern kann.

Auf dem Hof, den sein Sohn Christian bewirtschaftet, betreibt er seit langem eine Hobbyimkerei und nimmt so die vielen Umwelteinflüsse auf die Insektenwelt wahr. Eine weitere Lieblingsbeschäftigung ist das Radfahren sowie das Wasserwandern auf der Schwentine.

Landesweit ist Holger Gerth im Schleswig-Holsteinischen Heimatbund als Mitglied im Präsidium aktiv und engagiert sich für den Bereich Naturschutz. Dabei stehen neben vielen anderen Themen die schleswig-holsteinischen Alleen im Fokus, für die er mehrere Wettbewerbe um die schönsten Alleen gemeinsam mit einer Jury aus Vertretern des Naturschutzes initiiert hat. Ein weiterer Schwerpunkt ist das Thema Knick, denn Knicks sind ebenfalls landeskulturell und ökologisch von hoher Bedeutung.

Im Jahre 2011 wurde Holger Gerth von der Agrar- und Umweltministerin Dr. Juliane Rumpf zum Landesnaturschutzbeauftragten für Schleswig-Holstein berufen. Minister Dr. Robert Habeck sowie Minister Jan Philipp Albrecht verlängerten um jeweils eine weitere fünfjährige Periode. Zu seinen Kernaufgaben gehört, Belange des Naturschutzes an Mitbürger zu vermitteln. Zudem gilt es, einen Interessensausgleich zwischen den Nutzern, hier insbesondere den Landwirten, und den ökologischen Erfordernissen für eine nachhaltige Zukunft zu unterstützen.

Das grüne Netz. Ökosystem und Kulturlandschaft im Norden

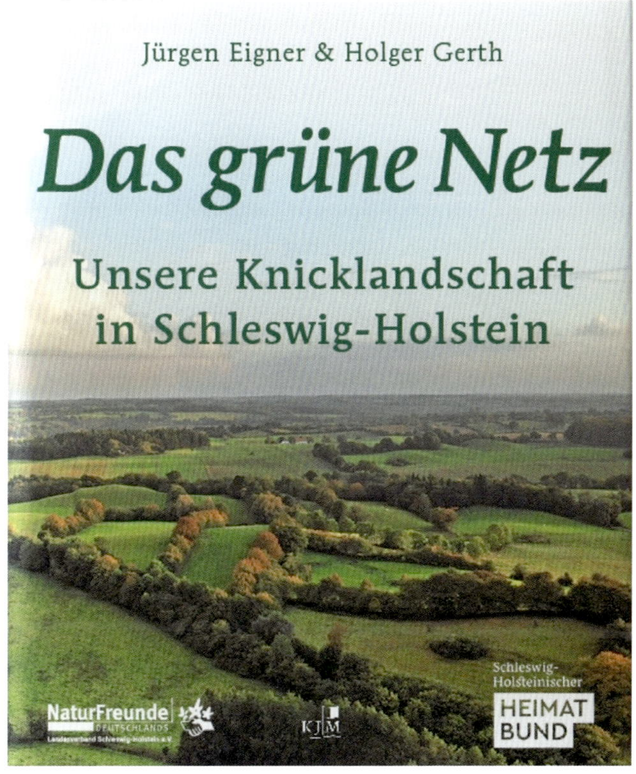

Knicks – von ihrer ersten Erwähnung im Jahr 1555 bis heute: Schutz für Pflanzen, Tiere und Menschen. Schutz der Felder und Äcker vor Erosion und Verwehung. Jürgen Eigner und Holger Gerth beleuchten Vielfalt, Komplexität und landschaftsökologische Wichtigkeit der Knicklandschaft Schleswig-Holsteins.

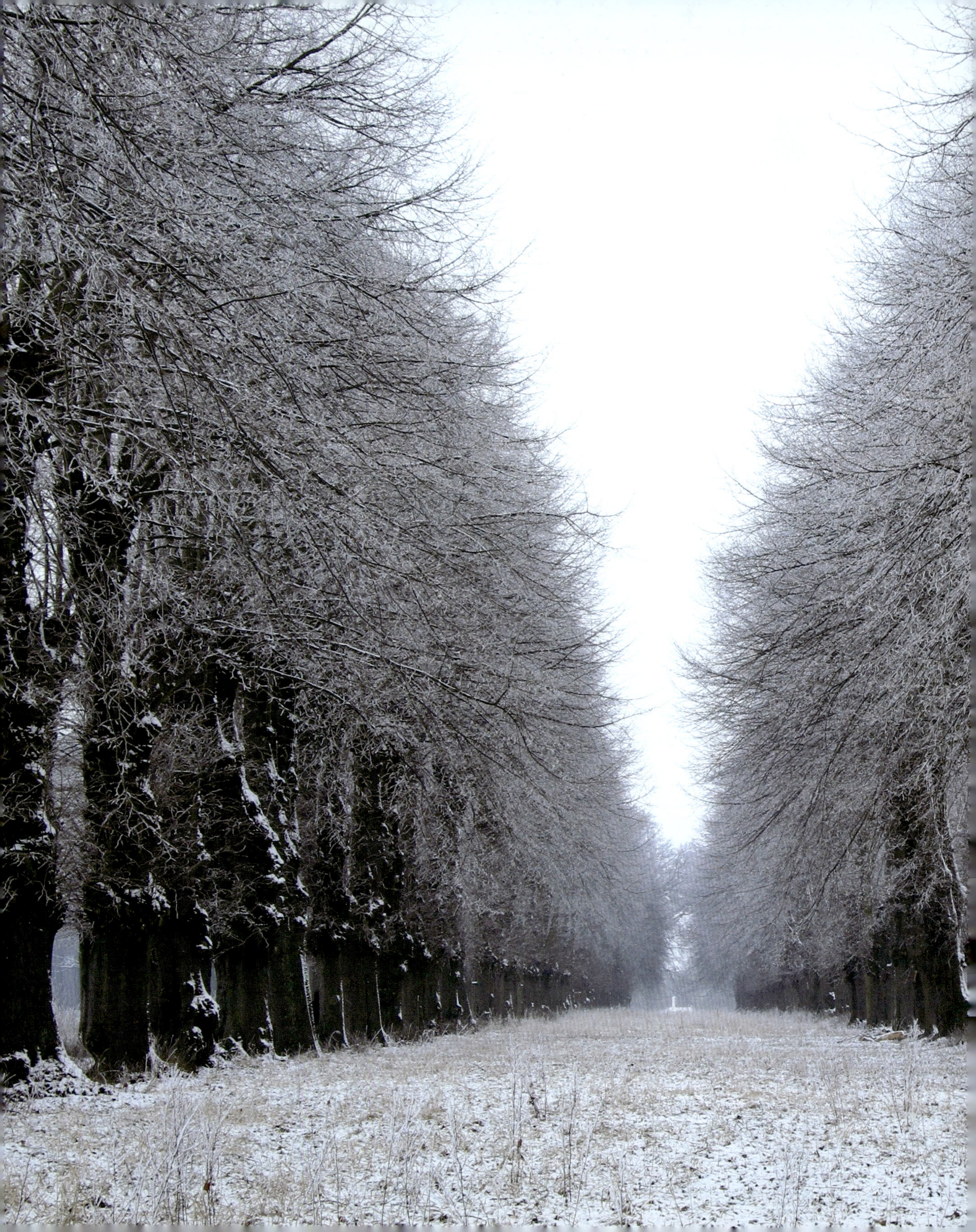